ENCONTROS E ENCANTAMENTOS NA EDUCAÇÃO INFANTIL

PARTILHANDO EXPERIÊNCIAS DE ESTÁGIOS

LUCIANA E. OSTETTO (ORG.)

ENCONTROS E ENCANTAMENTOS NA EDUCAÇÃO INFANTIL

PARTILHANDO EXPERIÊNCIAS DE ESTÁGIOS

PAPIRUS EDITORA

Capa | Fernando Cornacchia
Foto de capa | Rennato Testa
Copidesque | Lúcia Helena Lahoz Morelli
Revisão | Maria Lúcia A. Maier e Ademar Lopes Jr.

Dados Internacionais de Catalogação na Publicação (CIP)
(Câmara Brasileira do Livro, SP, Brasil)

Encontros e encantamentos na educação infantil: Partilhando experiências de estágios/Luciana E. Ostetto (org.). – 10ª ed. – Campinas, SP: Papirus, 2012. – (Papirus Educação)

Vários autores.
Bibliografia.
ISBN 978-85-308-0581-4

1. Creches 2. Educaçã de crianças 3. Educação pré-escolar 4. Fantasia nas crianças 5. Pedagogia 6. Professores – Formação profissional I. Ostetto, Luciana E. II. Série.

12-06184 CDD-372.21

Índices para catálogo sistemático:

1. Creches e pré-escolas: Prática pedagógica: Educação infantil 372.21
2. Educação infantil: Creches e pré-escolas: Pedagogia: Educação 372.21
3. Pré-escolas e creches: Prática pedagógica: Educação infantil 372.21

10ª Edição – 2012
11ª Reimpressão – 2026
Tiragem: 50 exs.

A grafia deste livro está atualizada segundo o Acordo Ortográfico da Língua Portuguesa adotado no Brasil a partir de 2009.

R. Barata Ribeiro, 79, sala 316 – CEP 13023-0 – Vila Itapura
Fone: (19) 3790-1300 – Campinas – São Paulo – Brasil
E-mail: editora@papirus.com.br – www.papirus.com.br

AGRADECIMENTOS

Para que tantos encontros e encantamentos
pudessem acontecer, foram indispensáveis a participação
e o envolvimento de crianças, educadores e
funcionários das instituições por onde passamos:
Creche Dona Cota,
Núcleo de Desenvolvimento Infantil/UFSC,
Creche Monsenhor Frederico Hobold.

Obrigado por terem sido companheiros dessa nossa aventura!

SUMÁRIO

APRESENTAÇÃO

Muitas são as histórias deste livro (e neste livro!), que começa a partir da história de um grupo, que começa a partir de um encontro na universidade: professora, estagiárias e o desejo de pensar e fazer educação infantil com qualidade e competência. Estávamos em 1997, com aulas de "Didática especial da pré-escola" e de "Prática de ensino na pré-escola". Uma história bonita vai sendo tecida a partir desse encontro, que ganha mais beleza e brilho a partir da abertura do grupo para outros grupos: creches, pré-escolas, crianças, educadores. O encontro inicial gerou outros encontros e permitiu a construção das tantas histórias que hoje podem aqui ser reunidas e socializadas.

Essencialmente, o livro revela vivências de educadoras em formação, de educadoras a caminho...

Redescobrindo significados.
Reinventando linguagens.
Reacendendo desejos.
Reaprendendo lições.
Marcando, no tempo e no coração,
muitas possibilidades para o "ser educadora".

São vivências com gosto de paixão! Paixão que é movimento, dança, brincadeira, sentimento, fantasia. Paixão que é sonho revelado (promessa aos que virão), que é partilha (ser com o outro) na dança da educação (que pode ter boi de mamão!), no exercício da criação (de ousadia, por que não?). Paixão que mobiliza, que humaniza, que nos lança em busca da dimensão lúdica do "ser pessoa na pessoa", que nos convida a resgatar a pessoa na pessoa da educadora.

Apaixonar-se pela história! Fazer história com paixão! Grande lição, que aprendemos na relação que fomos construindo com crianças e adultos, nos grupos, dentro e fora das instituições de educação infantil por onde passamos.

Fazer história é também se colocar em relação: eu-comigo, eu-contigo, nós-com eles, todos juntos. Construir relações, colocar-se em relação, é abrir-se para o novo, para o crescimento, para o aprendizado coletivo e, por isso, a trama da história que circunda os caminhos de elaboração do livro vem carregada de envolvimento e coragem, tristezas e alegrias, realidade e fantasia, ternura e seriedade, força e vontade, música e poesia, encontros, comidas e bebidas ("redescobrindo o gosto e o sabor da festa"...). Podemos dizer que nossas relações foram verdadeiramente vividas com sal, açúcar e afeto (bons temperos!) e que as experiências aqui narradas foram tecidas com todos esses ingredientes e com os olhos no horizonte, mirando o real (dores e delícias de ser educadora neste Brasil tão irreal...).

Foram muitas as experiências, as vivências. Então, cada registro revela um exercício de dizer o vivido, cada qual de modo particular, mostrando a autoria; cada qual com suas marcas, seus traços, suas cores e matizes.

Os artigos aqui reunidos contam histórias (sempre elas!) vividas no cotidiano da educação infantil, no espaço do estágio curricular do curso de Pedagogia (habilitação educação pré-escolar) da Universidade Federal de Santa Catarina (UFSC).

Cada um revela uma história particular, mas que, no conjunto, formam um todo, porque fruto de um mesmo objetivo, de um mesmo norte: o cotidiano da educação infantil, vivido, feito, inventado, criado com o compromisso de educar e cuidar dos grupos de crianças de zero a seis anos.

E o espírito de aventura? Mobilizou a todos, desde a experiência com as crianças até a elaboração dos registros, dos relatórios de estágio e, agora, dos artigos. Por isso o livro está recheado de fantasia, magia, fadas, bruxas, cobras, jacarés, bois, bernunças, casinhas, tesouros, "era uma vez...". Está cheio de espaços redesenhados, configurados em cenários preparados para os espetáculos que foram vividos com as crianças. Está cheio de paixão e ousadia no exercício de fazer-se educadora-autora da prática e do dizer essa prática, por meio de uma narração intensamente viva.

São mesmo histórias de encontros e encantamentos na educação infantil. Ao falarmos de encantamentos, falamos tanto do maravilhar-se com as crianças e das possibilidades de trabalho no cotidiano educativo, quanto do descobrir as delícias de se fantasiar, de ler um conto de fadas, de fazer arte por parte dos adultos. Encantamentos de educadoras que se põem o desafio de resgatar sua marca, seu desenho, sua palavra, seus desígnios. Encantamentos que são fruto do movimento de imaginar e criar, na vida e na educação infantil.

O artigo que abre o livro, "Andando por creches e pré-escolas públicas: Construindo uma proposta de estágio", fazendo uma discussão a respeito da formação do profissional da educação infantil e da contribuição da universidade para essa formação, traz a síntese da proposta de estágio que estamos experimentando no curso de Pedagogia (habilitação educação pré-escolar) da UFSC.

Podemos perceber no artigo que se segue, "O trabalho pedagógico na creche: Entre limites e possibilidades", as implicações de nossa proposta de estágio. Ao relatar a experiência de estágio desenvolvida em uma creche pública, as autoras permitem ao leitor conhecer um pouco da dinâmica envolvida no cotidiano educativo de grupos de crianças com idade entre três meses e quatro anos. Revelam, também, o espírito de pesquisa e busca de alternativas para o trabalho pedagógico com os bebês, num tempo em que o desafio, na educação infantil, era justamente qualificar o trabalho com as crianças bem pequenas, reforçando nele a articulação dos pólos cuidar e educar. Além da experiência que retrata, o artigo tem um significado particular, porque marca o início de nossa proposta de estágio, ou seja, do encaminhamento por meio de projetos coletivos de estágio e, por isso, diversamente das demais experiências, data de 1995.

"Espaço que dê espaço", também uma experiência com bebês, discute a importância da organização do espaço para o trabalho com crianças pequenas. Ao fazer a discussão, apresenta questões e sugestões desenvolvidas ao longo do estágio, principalmente com relação ao planejamento do trabalho pedagógico. O que priorizar com os bebês?

A aventura com meninos e meninas entre um e dois anos é contada no artigo "O mapa do tesouro: Ultrapassando obstáculos e seguindo pistas no cotidiano da educação infantil". Ressaltando a importância do registro diário como instrumento metodológico do educador, a autora socializa algumas das aventuras com o grupo, passando pelo prazer de contar histórias no cotidiano educativo, e pela necessidade de se rever o uso do vídeo no planejamento do educador. Interessantes revelações e dicas.

No caminho dos contos vai também o artigo seguinte. Como o próprio título nos diz, "Por encanto, contando contos... Histórias de um projeto de trabalho", o artigo fala da necessidade de fantasias e histórias para as crianças, relatando o percurso de um projeto de trabalho que priorizou esse assunto.

Na Ilha de Santa Catarina não poderia faltar um boi de mamão! Por meio da dança do boi de mamão, vamos encontrar meninos e meninas de um ano e meio a dois anos e meio, brincando e fazendo-se grupo. Prepare-se! Há muita alegria e muita diversão no relato com o nome

"'Alevanta, boi dourado, alevanta devagar...': Meninos e meninas brincando com o boi de mamão, fazendo-se grupo". Uma curtição!

Não bastava o boi? Não! Há ainda muitos seres encantados... É o que podemos ler e ver em "Entre fadas, jacarés e pintores: A história de construção de um grupo". Um bonito relato, com fada e varinha de condão; com pintor francês e muita arte; com jacaré, roda, símbolos e um mar de criação.

"Era uma vez... Crianças, cobras, bruxas e histórias de encantamento". É! Aqui as autoras nos revelam o universo de imaginação presente no trabalho com as crianças de três a quatro anos. Mobilizadas pelo faz de conta característico dessa faixa, as educadoras constroem muitas histórias, atividades e situações significativas envolvendo aqueles personagens. Mas, nessa história, os principais personagens são as crianças.

Vamos viajar? Conhecer castelos, princesas e príncipes? Este é o convite de "Ouvindo e fazendo histórias", artigo que relata a experiência de um projeto que teve por conteúdo o mundo fantástico dos castelos, reis e rainhas. Um mundo que permitiu muitas viagens, no ato de contar e ouvir contos e, depois, na construção de muitas outras histórias.

O último texto, "Planejamento na educação infantil: Mais que a atividade, a criança em foco", a exemplo do primeiro artigo deste livro, não é propriamente um relato de experiência, mas coloca em evidência muitas das questões levantadas nos artigos precedentes. Partindo de preocupações colocadas por educadores a respeito do planejamento na educação infantil, encaminha uma discussão muito presente na prática dos estágios: como planejar? O que considerar, o que priorizar? Como, enfim, prever e encaminhar o trabalho pedagógico com grupos de crianças de zero a seis anos? A propósito: o que é pedagógico na educação infantil e como o educador pode contemplar esse aspecto no seu planejamento? Instigantes (provocativas?) questões que pretendem abrir, ou continuar, o debate sobre um tema tão necessário quando se trata de formação de educadores.

O artigo traduz, também, um pouco do nosso movimento de procura, de pensar e fazer educação infantil com mais qualidade. Uma procura carregada de compromisso com as crianças e do desejo de recriar a prática cotidiana na creche e na pré-escola, colocando o foco do olhar na criança – seus gestos, palavras, ações, relações, criações. Dessa forma, completa-se o livro, mas não acabam as histórias...

Como disse o saudoso poeta, "a vida é a arte dos encontros", e enquanto houver disposição para os encontros educativos-afetivos-comprometidos haverá, com certeza, muito encantamento a ser descoberto.

Ao leitor fica o convite: encontre-se com nossas experiências e encante-se com uma história partilhada. A partir daí, sabe-se lá que histórias poderão surgir...

Luciana Esmeralda Ostetto

1

ANDANDO POR CRECHES E PRÉ-ESCOLAS PÚBLICAS: CONSTRUINDO UMA PROPOSTA DE ESTÁGIO[1]

Luciana Esmeralda Ostetto

As reflexões tecidas ao longo do texto, falando de creches, pré-escolas, direito das crianças brasileiras, formação de educadores para a educação infantil, estágio curricular, são fruto da experiência que temos construído no curso de Pedagogia (habilitação pré-escolar) da Universidade Federal de Santa Catarina. Em tal experiência, marcada pela aproximação e pelo diálogo com creches e pré-escolas públicas, toma-se o espaço do estágio curricular para fazer dele um momento de encontro entre educadores em formação e educadores que já estão atuando na educação infantil e que, no processo, experimentam uma verdadeira formação em serviço.

A discussão proposta sobre estágio vem, então, articulada a alguns dos temas hoje colocados em evidência no debate sobre a formação de

1. Agradeço às professoras Ana Cristina Castro Luz e Rosa Batista que, atuando na disciplina "Prática de ensino na pré-escola", muito contribuíram para a proposta de estágio que fomos construindo.

educadores para a educação infantil: a qualidade do atendimento, como direito da criança pequena, e a contribuição da universidade naquela formação.

A educação infantil é um direito das crianças brasileiras

O reconhecimento do direito que têm as crianças brasileiras, de zero a seis anos, ao atendimento em creches e pré-escolas como instituições de educação infantil colocou em cena, nos anos 90, o questionamento da qualidade desse atendimento. A qualidade dos serviços, como necessidade e condição de concretização desse direito proclamado, no âmbito de uma instituição que vai assumindo novas feições e incorporando concepções renovadas de criança, de desenvolvimento infantil, de atividade, de tempo, de espaço na definição de seus objetivos e funções, passa pelo cumprimento do que tem sido definido como seu "duplo objetivo": educar e cuidar.[2]

Cumprir tais objetivos significa organizar e encaminhar um trabalho no cotidiano de creches e pré-escolas que respeite a criança, compreendida como sujeito, na sua positividade. Mais do que simples retórica, o respeito à criança ganha concreticidade na medida em que, nas práticas efetivadas no interior da instituição de educação infantil, estejam previstos: brincadeira; atenção individual; ambiente aconchegante, seguro e estimulante; contato com a natureza; higiene e saúde; alimentação sadia; desenvolvimento da curiosidade, imaginação e capacidade de expressão; movimento em espaços amplos; proteção, afeto e amizade; expressão de sentimentos; especial atenção durante o período de adaptação; desenvolvimento da identidade cultural, racial e religiosa. Os aspectos aqui relacionados são indicados como critérios de qualidade para a organização e o funcionamento de creches e estão detalhados no

2. Sobre esta questão, vale conhecer o interessante e esclarecedor texto de Campos 1994.

documento publicado pelo MEC, em 1995: "Critérios para um atendimento em creches que respeite os direitos fundamentais das crianças". A delimitação de critérios para a organização do trabalho nas creches pode ser percebida como um avanço no caminho da defesa e da efetivação dos direitos das crianças, uma vez que dá um norte, sistematiza uma perspectiva minimamente comum para o território nacional, sem ser restritiva, uniforme ou prescritiva. Indica um caminho que poderá ser percorrido desta ou daquela maneira, conforme os sujeitos concretos que empreendem a caminhada. Ou seja, o cumprimento daqueles critérios e a construção de uma prática comprometida com a qualidade dos serviços e, por extensão, com a criança dependerão dos profissionais que estiverem trabalhando no cotidiano de creches e pré-escolas.

Sendo assim, o espaço no qual deve se efetivar uma ação qualificada, voltada para a criança-sujeito-de-direitos, requer um profissional habilitado e com competência para articular educação-cuidado na sua prática cotidiana, no seu fazer educativo entre grupos de crianças de zero a seis anos (Ostetto 1997).

Desta compreensão decorre uma pergunta central: quem é o profissional de educação infantil? É a pajem, a babá, a atendente, o monitor, o professor, é outra coisa...? Quem é esse sujeito? E outras perguntas mais: que jeito deverá ter sua formação? A quem compete: às escolas de ensino médio, às universidades, a cursos específicos? Como concretizá-la? E, pensando no sujeito que estará em formação, que competências devem lhe ser exigidas? Que atitudes podem ser consideradas apropriadas? Que conhecimentos e instrumentos profissionais devem ser privilegiados nessa formação?

Essas são algumas das questões que vêm sendo enfrentadas no debate entre pesquisadores e profissionais que atuam na área, debate este que aponta, antes de tudo, para uma realidade complexa, composta por uma diversidade de situações existentes nos quatro cantos do país. Longe se está da presença de qualquer unidade, no que se refere à formação do profissional da educação infantil. A regra é a diferença, muitas vezes gritantes diferenças: de profissionais com curso primário incompleto a profissionais com graduação ou pós-graduação. Até 1996 não tínhamos uma legislação nacional que normatizasse a formação dos profissionais para a atuação nas instituições de educação infantil, particularmente nas creches. Um aspecto mais ou menos determinado diz respeito à formação dos profissionais para atuar na pré-escola que, ligados ao quadro do magistério, por definição, deveriam apresentar a formação em nível de magistério. Se houvesse um mínimo comum, creio que seria este aspecto: os profissionais que atuam em instituições do tipo pré-escola geralmente são professores, com formação em magistério.

A Lei de Diretrizes e Bases da Educação Nacional, aprovada em dezembro de 1996, traz esse mínimo comum exigido para a atuação na educação infantil, tanto em creches como em pré-escolas:

> A formação de docentes para atuar na educação básica far-se-á em nível superior, em curso de licenciatura, de graduação plena, em universidades e institutos superiores de educação, admitida, como formação mínima para o exercício do magistério na educação infantil e nas quatro primeiras séries do ensino fundamental, a oferecida em nível médio, da modalidade Normal. (Lei 9.394/96, Art. 62)

Vemos, portanto, na letra da lei, a exigência de formação do profissional da educação infantil em nível médio ou em nível superior.

É interessante ressaltar que a preocupação em normatizar a formação dos educadores para a educação infantil, refletida no texto legal, foi matéria de discussão e estudo do Encontro Técnico de Formação do Profissional de Educação Infantil, realizado pelo MEC em 1994, em Belo Horizonte.[3] Naquela discussão, podíamos perceber uma tendência para a proposição de cursos de formação inicial específicos – em nível de ensino médio, preferencialmente – e cursos de formação supletiva, para quem já

3. Cf. o documento com os textos das palestras proferidas: BRASIL. MEC/SEF/DPE/COEDI 1994.

está em serviço e não apresenta qualificação considerada mínima. A necessidade de programas de formação continuada, ou permanente, para os profissionais que estão atuando também foi indicada. Ambas as alternativas pressupunham um curso que garantisse o acesso à educação formal básica, associada a uma habilitação profissional específica para a atuação na educação infantil e algo distinta da que hoje se dá nos cursos de magistério.

O movimento de qualificação do profissional da educação infantil deve considerar essas indicações, com base na determinação legal. Ninguém duvidaria da necessidade de formação continuada para os educadores que já estão atuando, assim como não negaria a urgência em oferecer ensino básico aos educadores que estão na prática e não têm a formação mínima exigida. Mas, e a formação em nível superior, seria também uma alternativa viável?

No contexto da diversidade de situações existentes pelo Brasil afora encontramos cursos em nível de graduação e pós-graduação (especialização) voltados para a formação do educador de creches e pré-escolas. Essas modalidades de cursos já em andamento seriam adequadas e eficientes, diante das exigências e dos objetivos colocados, hoje, para as instituições de educação infantil?

Tomo aqui a seguinte premissa: a diversidade das situações existentes exige "multiplicidade de caminhos" e estes, dando eco à voz do poeta, são feitos "ao caminhar". Ao colocarmo-nos em movimento, andando, buscando e fazendo formação de educadores para a educação infantil, com certeza, encontraremos a universidade...

No meio do caminho está a universidade...

No que diz respeito aos cursos superiores existentes para a formação do educador das crianças de zero a seis anos, são comuns as críticas erguidas com relação aos currículos que neles são desenvolvidos, os quais dariam ênfase ao polo "educação" ou, mais particularmente, aos aspectos escolarizados da educação infantil, secundarizando questões referentes aos "cuidados" devidos às crianças pequenas. Assim procedendo, os currículos dos cursos superiores deixariam "de fora" do estudo aspectos sobre o trabalho com crianças de zero a três anos. De outro ângulo, podem ser questionados tendo por base a dificuldade do acesso a esses níveis de ensino. Seria muito complicado defender, prioritariamente, o nível universitário para o educador de creches e pré-escolas quando, no Brasil, nem o ensino médio é uma realidade para tais educadores (Ostetto 1997).

Todavia, essas razões não seriam argumentos suficientes para que a formação de nível superior fosse inviabilizada como caminho pertinente e eficiente para a qualificação do profissional de educação infantil. Dadas as condições atuais, é certo afirmar a necessidade de que as propostas sejam flexíveis, como já indicara Rosemberg (1994, p. 54), "para que não destruam o que já foi atingido e iniciem a superação das insuficiências".

Neste contexto, pensando nas conquistas, no que "já foi atingido", minha fala vai aqui no sentido de expressar traços gerais de uma experiência vivida no trabalho de formação de educadores, de nível superior, para a atuação em instituições de educação infantil. Um trabalho que, construído no encontro de estudantes-educadores no campus, com profissionais-educadores em campo, tem os olhos na realidade e vai nela penetrando através de um movimento de articulação de vozes, desejos e ações daqueles que estão em processo de formação inicial e daqueles que já estão atuando e que, no movimento, experimentam uma verdadeira formação em serviço.

Nesse trabalho, a universidade se coloca no meio do caminho... Não como uma pedra, a atrapalhar ou fechá-lo com propostas prontas e restritivas, mas como um elo, como possibilidade de articular (e fazer ecoar) as múltiplas vozes que denunciam a situação precária da educação infantil e reclamam ações coerentes; como uma das alternativas que apontem para a afirmação do que "está bom" e para o aprimoramento ou superação do que "não está bom" e precisa ser mudado, estabelecendo relações de diálogo e troca, tendo como horizonte a efetivação do direito das crianças brasileiras a uma educação infantil de qualidade (Ostetto 1996).

Para tanto, foi (e é!) preciso andar pelos lugares em que se dão as práticas educativas, para reconhecer os espaços concretos das relações entre adultos e crianças de zero a seis anos. Foi (e continua sendo) fundamental ler e conhecer o contexto das instituições de educação infantil, para buscar diálogo, para construir aquela competência profissional almejada, para garantir, enfim, a qualidade defendida.

Universidade e creches: Das interlocuções às alternativas para a formação do profissional de educação infantil

Como professora do curso de Pedagogia – habilitação educação pré-escolar – da Universidade Federal de Santa Catarina, por meio da "disciplina" Prática de Ensino na Pré-escola (a qual envolve o estágio em diversas instituições de educação infantil), tenho andado por creches e pré-escolas públicas que se apresentam como campo de estágio preferencial para nosso curso. Do contato com essas instituições, desde 1994, foi se estruturando uma proposta de estágio que busca problematizar a prática educativa entre os grupos de crianças de zero a seis anos, a partir do encontro, como já foi dito, entre educadores em formação inicial e educadores em serviço.

Nessa proposta, as alunas e os alunos[4] vão a campo (na sétima fase do curso) com o objetivo de aprofundar a leitura do real, problematizá-lo, construir um diagnóstico e discuti-lo com a instituição constituída em campo de estágio. Tal diagnóstico vai tomando a forma de um projeto

4. Temos tido um ou outro aluno no curso, que é constituído por maioria feminina. Por isso, no decorrer do texto, vou me referir sempre no feminino: aluna e estagiária.

de estágio[5] que, apresentado e discutido com todos os envolvidos no processo (alunas, profissionais que atuam diretamente com as crianças, coordenação pedagógica, direção), transforma-se em diretrizes que vão orientar a prática das estagiárias na instituição. Esses projetos têm a marca do coletivo, uma vez que são propostos pelo grupo de estagiárias que vai atuar naquele determinado espaço, e também passam pelo debate com os profissionais da instituição, os quais têm papel fundamental na proposição, indicando dificuldades, necessidades ou criticando a direção empreendida e fazendo sugestões.

Por um lado, ao participar da discussão do projeto de estágio, a instituição toma nas mãos a sua história, apontando o que já foi feito e o que está por fazer, ou, muitas vezes, aprendendo a ver os "nós" da prática efetivada no seu interior, pelos diversos profissionais que nela atuam, dispondo-se a desatá-los através da parceria que vai construindo com a universidade. Essa participação possibilita, também, outras histórias, dos educadores que vêm se preparando no curso universitário, na medida em que a instituição se faz presente, responsável e partícipe do processo de estágio, compreendido como um momento de "pensar o fazer" e "experimentar fazer" com mais qualidade, coletivamente.

Por outro lado, as estagiárias, profissionais em formação, ganham possibilidades de experimentar e construir seu papel de "professor-pesquisador",[6] exercitando sua capacidade de ler a realidade, visualizar ou detectar as necessidades e, no processo coletivo de reflexão, ir arriscando propostas e alternativas de encaminhamentos. Na perspectiva de educadoras em formação, pesquisando o cotidiano, desenvolvendo formas de observação do cotidiano e do grupo de crianças que dele faz

---

5. As ideias iniciais da proposta que fomos construindo surgiram em discussões com a área de Orientação Educacional, na pessoa da professora Terezinha Maria Cardoso (EED/UFSC), a qual encaminhava o estágio de seus alunos na direção da elaboração de um projeto coletivo de atuação na escola. Nossas conversas foram fundamentais e agradeço aqui sua contribuição.

6. A indicação do professor, aqui, deve-se ao fato de que o curso de Pedagogia forma professores e, na Rede Municipal de Creches e Pré-escolas de Florianópolis, também atuam professores. Isso não significa que essa denominação (e todo o perfil dela decorrente) seja defendida como a mais indicada.

parte, não aprendem apenas a "fazer", mas a "pensar sobre" e "decidir como", de forma ampla, contextualizada, articulada. Pois, pela característica da proposta, cada estagiária não ficará restrita ou fechada à "sua" docência, na "sua" sala de aula, mas vai se envolver com toda a dinâmica da instituição em que se desenvolve o estágio. A ideia de "pesquisar o cotidiano" está muito presente nessa proposta e nessa experiência.

O projeto de estágio, elaborado na sétima fase do curso, ganha continuidade na oitava (e última) fase, quando a atuação propriamente dita é desencadeada; quando, então, as estagiárias, organizadas em duplas, ficam responsáveis por turmas específicas de crianças e encaminham sua prática com base nas diretrizes delimitadas no projeto. No decorrer dessa atuação, como parte do projeto e da supervisão de estágios, vários encontros são realizados com os profissionais da instituição. Os encontros podem ser organizados por eixos temáticos, previstos no projeto segundo necessidade ou interesse demonstrados pelos envolvidos no processo (em grande grupo); ou organizados para discussões específicas de questões vividas no dia a dia pelas estagiárias onde, junto com as educadoras de cada grupo de crianças , desenvolvem-se a análise e a avaliação do dia ou período de atuação, articulando o vivido com o proposto e projetando novas ações, num processo de reflexão constante sobre a prática.

Ao final do período delimitado para o estágio, as estagiárias procedem à análise da experiência, sistematizando-a em forma de um relatório. Considero importante destacar esse aspecto: o retorno à instituição da documentação e da análise do processo. A instituição recebe uma cópia dos relatórios que as estagiárias elaboram, narrando e analisando a experiência vivida com cada turma, em particular.

Além de receberem cópia dos relatórios produzidos, estes são apresentados publicamente às instituições envolvidas no estágio, num grande seminário de socialização das experiências, organizado na universidade e para o qual toda a rede municipal de educação infantil é convidada. O seminário tem representado um momento importantíssimo

de retorno às instituições, caracterizando-se como mais um espaço conquistado de debate e troca, agora ampliado para todos os interessados nas questões referentes à educação infantil e que, necessariamente, não estiveram envolvidos diretamente com o estágio.

Entre problemas e conquistas, prosseguimos

Enquanto escrevia este texto, fui revendo e relendo alguns relatórios de estágio e num deles, de 1995, entre as reflexões das estagiárias encontrei um pensamento do Mário de Andrade que dizia: "O passado é lição para se meditar, não para reproduzir" (Flor e Silva 1995). Fui me dando conta, então, de que a experiência, uma vez vivida, já é passado e que, por isso mesmo, pode ser narrada e avaliada. Naquelas palavras simples, sérias e diretas, quanta verdade! No momento em que tento narrar uma experiência particular de formação de educadores, de organização do estágio curricular, penso naquelas palavras e vejo: muitas são as lições que podem ser retiradas do passado recente.

Uma primeira questão a ser assinalada para reflexão diz respeito ao caráter coletivo do projeto de estágio. Quando falamos de coletivo queremos dizer que ele é elaborado pelo grupo de estagiárias que atuam numa determinada instituição. Esse grupo, baseado nas observações de cada uma, elabora um único projeto para o estágio naquela instituição. Nessa hora, de constituição da equipe, de proposição do trabalho coletivo, revela-se uma intranquilidade ou certo receio por parte das alunas. Afinal, é mesmo possível elaborar um projeto em seis, sete, oito estagiárias? Em oito, tão diferentes? Não dá, não! É a primeira reação.

Conversando com as alunas sobre isso, vamos percebendo que a questão do receio, às vezes negação, em trabalhar coletivamente está relacionada com a dinâmica do próprio curso de Pedagogia que, nas fases precedentes ao estágio, não "ensina" o trabalho em grupo. Ensina que é preciso o trabalho coletivo na escola, que planejamento tem que ser

coletivo, que projeto pedagógico deve ser coletivo etc. e tal, só que não possibilita um efetivo trabalho de grupo. Esse fato também pôde ser constatado por mim, no âmbito de outras disciplinas ministradas no curso. A marca é o individual, a negação das diferenças, da troca de ideias. É dificílimo propor, encaminhar e efetivar uma prática coletiva, de grupo com os alunos. Nossa! E o tempo? Quanto demora o trabalho em grupo! Ah! É bem mais fácil e prático, cada qual fazer no seu canto, "por si"... Será?

Essas questões vêm à tona quando propomos a elaboração de um projeto coletivo. Primeiro na aceitação da proposta, depois no seu encaminhamento. No momento do encaminhamento, de sentarem todas as estagiárias para construir o projeto, muitas são as atitudes. Há desde um "projeto coletivo" de uma só, passando por um "projeto coletivo" de recortes de cada uma, até um "projeto coletivo" de todas. Pude observar a realização de projetos que de coletivos só têm o nome, mas também pude ver reais projetos de grupo. E aqui está uma grande lição da experiência: o trabalho coletivo não se decreta, ele é construído. E para ser construído depende do desejo e das atitudes de seus componentes. A necessária aprendizagem do grupo passa por vivê-lo como um desafio, dizem as estagiárias:

> E o desafio é sempre instigante, provocador, mas nos causa apreensão porque diz respeito a romper com o que já está estabelecido e buscar o novo. E o novo nos aflige porque implica um *dispor-se a construir* e a construção é, por vezes, lenta e dolorida, difícil... (Souza *et alii* 1995, p. 1. Grifado no original)

Hoje, mais do que nunca, trabalhar em grupo é uma das principais habilidades exigidas ao profissional que atua na educação infantil, que atua com grupos de crianças, portanto. Tal habilidade não é natural, deve ser adquirida, como bem lembra Patrizia Ghedini (1994, p. 203):

> Os trabalhadores de creche têm diferentes formações escolares, o que dificulta seu trabalho enquanto grupo. É um grande engano supor que o trabalho em grupo esteja garantido, ao invés de considerá-lo como uma competência que deve ser adquirida. Temos que nos lembrar das dificuldades, da oposição e das defesas que levantamos sempre que temos de lidar com outras pessoas, porque sentimos que teremos de questionar arraigadas concepções que estão na base de nossas crenças.

Com que instrumental esse profissional vai atuar, se na sua formação não lhe foram permitidos o exercício e a reflexão do trabalho em grupo? Na prática do estágio, então, com a elaboração do projeto, há ainda mais uma oportunidade para esse exercício, pois, todos já sabemos, não basta dar aulas conceituais para quem está na prática. Tanto os adultos como as crianças "aprendem fazendo".

Outro ponto que podemos discutir refere-se a uma certa "visão salvacionista" presente nas estagiárias. O que é isso? Bem, é assim: as estagiárias, saindo de um curso universitário com ênfase nos aspectos teóricos da profissão, vão às instituições observar o cotidiano e o trabalho ali desenvolvido. O que acontece? Não raro, essa observação recai sobre "o erro", "as falhas", "a falta de fundamentos" de quem está na prática. Ao concentrar o foco do olhar no erro, a atitude das estagiárias revela também uma visão sobre seu papel no estágio, que parece ser o de levar "o certo", "a explicação" para aquele profissional que está há tantos e tantos anos com as crianças, longe dos estudos... A primeira visão, muito comum, é de desqualificação da prática observada e, então, temos problemas...

Mas o olhar também se educa. De um olhar estereotipado, vamos procurando o olhar contextualizado, tentando romper com o preconceito que pode estar associado à supervalorização da teoria conhecida no curso universitário.

Educar o olhar... Aprendizagens... Aqui também podemos indicar outras atitudes que precisam ser construídas como habilidades do educador: a atitude do diálogo, da interlocução, da troca, que encaminha para a construção coletiva do conhecimento. Com a proposta de observação do cotidiano educativo das instituições, não buscamos indicar o erro (supostamente presente no outro... quer dizer, na instituição), mas construir a possibilidade real de acerto, na interação, na crítica transparente, na prática conjunta. Nada fácil essa atitude, mas desejável. É mesmo um exercício de resgatar a dimensão humana do fazer. Nada é absolutamente certo ou errado. O que existe, sempre, é a possibilidade da criação, a partir do compromisso e do respeito com o outro e do exercício da humildade.

Até aqui falei de um lado do processo, o das estagiárias e da universidade. Agora chego ao outro lado: o da instituição que recebe as estagiárias. Primeiro ponto: por que a instituição aceita o estágio? Ela quer o estágio? Quem quer: os professores? A direção? Delicadas questões...

Inicialmente íamos às instituições solicitar espaço para o estágio. Hoje, muitas instituições vêm à universidade pedir que o estágio seja realizado lá. Nessas duas situações, as reações em princípio são muito parecidas: a desconfiança e o medo da crítica estão muito presentes. Sobre esse aspecto é interessante a reflexão de um grupo de estagiárias:

> O momento de ingresso na creche para iniciar o estágio é, por certo, o mais delicado. Nessa *invasão* que realizamos mexemos com medos, inseguranças e relações tanto pelo fato que nos expomos a desconhecidos quanto pelo fato que geralmente forçamos, nada delicadamente, a instituição a enxergar suas próprias feridas... (Souza *et alii* 1995, p. 6. Grifado no original)

Sob esse ponto de vista, temos percebido que, quanto maior o compromisso da instituição com o estágio, tanto mais a experiência é positiva. O compromisso, que começa quando a instituição solicita o estágio, vai crescendo no dia a dia, no convívio que passamos a ter com todos, desde a direção até as crianças. E, é bom ressaltar, nosso estágio compreende 4 horas semanais, no período de elaboração do projeto (sétima fase) e 16 horas semanais na continuidade (oitava fase). Ou seja, passamos muito tempo na creche! Imaginem: de repente, oito ou nove pessoas passam a fazer parte do cotidiano da creche, provocando debate, discussão, troca de ideias, mal-entendidos. Que confusão! Se não há concordância entre os profissionais sobre a presença das estagiárias, mais do que confusão, pode virar o caos. E nesse momento é importantíssimo o diálogo, a disposição em ouvir e negociar pontos de vista, tanto do lado das estagiárias, quanto do lado dos profissionais da instituição (a supervisão faz a mediação...). É processo e, como tal, não podemos ter o controle *a priori*, mesmo que possamos prever alguns pontos e situações. Às vezes chegamos ao final do período de estágio e vemos, por exemplo, interessantes retratos da relação construída com os funcionários de determinada creche, como este, traçado por um grupo de estagiárias de 1997:

> *Quanta gente!*
> *Quanta confusão!*
> *Vamos começar a arrumação?!*
> *Limpa Encera Fala e Espera*
> *Enquanto pipocas pulam na panela...*
>
> *Preciso de papel.*
> *Onde está o grampeador?*
> *– Só um minutinho.*
> *Ah! Tem hidrocor?*
> *Quantos pedidos!*
> *Quantas solicitações!*
>
> Obrigado pela atenção. (Araújo e Silva 1997, p. 21)

Nem sempre há um final feliz assim. Nem sempre é tranquila a relação entre as partes, assim como nem sempre há consenso, sobre o estágio, entre os educadores que recebem as estagiárias. Há atitudes do tipo: "As estagiárias vêm aqui, bagunçam, inventam moda, depois vão embora...", ou "só acontece assim porque é estágio..." ou, ainda, "no estágio é tudo novidade, mas quando chegar a prática, quero ver se elas vão fazer o mesmo...". Mas também há atitudes que reivindicam a participação e a contribuição da universidade, que se dispõem a encarar os "nós", como dizíamos anteriormente.

É a questão da participação como conquista. Depende muito de como "se entra" na instituição (pedindo licença ou invadindo) e de quanto estamos dispostos a mexer com nossos medos, verdades estabelecidas, limites. Mais uma vez: depende do olhar e aqui, para um bom trabalho, é imprescindível o olhar humanizado, sensível, pensante, que inclui e dialoga, compreende.

Essa experiência, específica e pontual, inscreve-se, acredito, no que anunciei ser a premissa do trabalho aqui sistematizado: a exigência clara de "multiplicidade de caminhos" para a formação do profissional de educação infantil. De outro modo, indica que a universidade tem muito a contribuir neste campo, recriando o espaço do estágio como lugar de troca e interlocução. Sobretudo, tal experiência assinala que a aproximação da universidade com a creche e a pré-escola públicas, num movimento de abertura, de construção de relações forjadas no respeito às especificidades de cada instituição, constitui-se, sem dúvida, num promissor campo de criação de alternativas para a qualificação do trabalho desenvolvido com crianças de zero a seis anos.

Bibliografia

ARAÚJO, Concília e SILVA, Kátia B. da. "Um mergulho ao mundo do faz-de-conta: A gratificante experiência junto ao grupo do I Período". Florianópolis: UFSC, 1997. (Relatório de estágio. Curso de Pedagogia)

BRASIL/MEC/SEF/COEDI. *Por uma política de formação do profissional de educação infantil*. Brasília, 1994.

CAMPOS, Maria Malta. "Educar e cuidar: Questões sobre o perfil do profissional de educação infantil". *In*: BRASIL/MEC/SEF/COEDI. *Por uma política de formação do profissional de educação infantil*. Brasília, 1994, pp. 32-42.

CAMPOS, Maria Malta e ROSEMBERG, F. *Critérios para um atendimento em creches que respeite os direitos fundamentais das crianças*. Brasília: MEC/SEF/COEDI, 1995.

FLOR, Nelzi e SILVA, Sandra Maria Milan da. "Dos limites às possibilidades no maternal I: A trajetória do desafio". Florianópolis: UFSC, 1995. (Relatório de estágio. Curso de Pedagogia)

GHEDINI, Patrizia Orsola. "Entre as experiências e os novos projetos: A situação da creche na Itália". *In*: ROSEMBERG, F. e CAMPOS, M.M. (orgs.). *Creches e pré-escolas no hemisfério norte*. São Paulo: Cortez-FCC, 1994.

OSTETTO, Luciana Esmeralda. "Nas tramas da formação do profissional de educação infantil: Universidade e creches estabelecendo interlocuções, tecendo relações, criando alternativas". Trabalho apresentado à XIX Reunião Anual da Anped. Caxambu, setembro de 1996, mimeo.

__________. "Articular saberes, qualificar práticas: Contribuições da universidade à formação dos profissionais de educação infantil". *Perspectiva* nº 28. Florianópolis, v. 15, jul./dez. 1997, pp. 11-20.

PASCAL, Christine *et alii*. "Mudanças no contexto da formação do educador infantil na Europa". *In*: ROSEMBERG, F. e CAMPOS, M.M. (orgs.). *Creches e pré-escolas no hemisfério norte*. São Paulo: Cortez-FCC, 1994.

ROSEMBERG, F. "Formação do profissional de educação infantil através de cursos supletivos". *In*: MEC/SEF/COEDI. *Por uma política de formação do profissional de educação infantil*. Brasília, 1994.

SOUZA, Aldanei Norma de *et alii*. "O trabalho pedagógico com crianças de 0 a 4 anos: Dos limites às possibilidades". Florianópolis: UFSC, 1995. (Projeto de estágio. Curso de Pedagogia)

WEFFORT, Madalena Freire. *Observação, registro, avaliação: Instrumentos metodológicos I*. São Paulo: Espaço Pedagógico, 1995.

2
O TRABALHO PEDAGÓGICO NA CRECHE: ENTRE LIMITES E POSSIBILIDADES[1]

Experiência de estágio
com crianças de três
meses a quatro anos

Claudinéia Alzira da Silva
Cristiane da Cunha

Percebendo limites, traçando possibilidades

Era outono, mês de maio de 1995. Entre medos, dúvidas e algumas convicções entrávamos pela primeira vez na Creche Monsenhor Frederico Habold, uma instituição pública municipal, situada ao sul de Florianópolis-SC. Éramos sete graduandas do Curso de Pedagogia, Educação Pré-Escolar, dando início ao processo de estágio em sua primeira etapa:

1. O presente artigo é uma versão revisada e ampliada de trabalho apresentado no VIII Endipe/96, o qual contou com a colaboração das pedagogas Marluci Guthiá e Nelzi Flor a quem agradecemos. Também agradecemos às colegas Aldanei Norma de Souza, Sandra Milan da Silva e Zélia Natália Fabre, que participaram da experiência de estágio.

as observações nos grupos Berçário I, Berçário II, Maternal I e Maternal II.[2] Foram essas observações o nosso primeiro passo na instituição, nosso primeiro olhar, marcado pela busca, pela procura, pela vontade de descobrir caminhos que poderiam ser percorridos coletivamente. Começávamos, assim, a vislumbrar caminhos para trilharmos no semestre seguinte, quando iniciaríamos as coordenações de grupo. Nessas observações, muitos dados e muitos fatos foram sendo revelados, levando-nos a perceber que, ao nos defrontarmos com o real, encontraríamos limites e possibilidades.

Lendo a realidade, o primeiro desafio estava colocado, em relação à idade das crianças com as quais trabalharíamos: como encaminhar o trabalho pedagógico com crianças de três meses a quatro anos? Tínhamos poucas referências teóricas sobre o trabalho com bebês e, em termos de experiência direta com as crianças, de pouco ou de quase nada dispúnhamos (ninguém do grupo de estagiárias havia trabalhado com bebês...). Era um grande limite, mas foi preciso encará-lo e procurar saídas. Quando a gente tem desejo e propósitos firmes, com certeza encontra muitas saídas. E assim aconteceu.

Já no momento inicial de entrada na creche, ficamos conhecendo a proposta de estágio de uma turma anterior de estagiárias que, em lugar de planejar o estágio por faixa etária, ou por grupo de crianças, haviam construído um único projeto para a creche como um todo, concentrando nele as problemáticas encontradas em cada grupo e uma proposta, com os mesmos princípios para todos. Nós também, diante de questões comuns referentes à condução do estágio com as crianças menores (nas discussões que se seguiram após as observações), optamos por construir um projeto de estágio que desse continuidade àquela proposta. A partir, então, do interesse comum entre nós – estagiárias, educadoras e insti-

2. Esses grupos compreendem as seguintes faixas etárias: Berçário I (três meses a um ano); Berçário II (um a dois anos); Maternal I (dois a três anos); Maternal II (três a quatro anos). O grupo de estagiárias organizou-se assim: três duplas assumiram cada qual uma sala (Berçário II, Maternal I e Maternal II), ficando uma estagiária sozinha no Berçário I.

tuição –, construímos durante o primeiro semestre de 1995 o projeto que orientaria nossa atuação com os grupos: "O trabalho pedagógico com crianças de zero a quatro anos: Dos limites às possibilidades".

No entanto, tínhamos a compreensão de que o estágio não devia ser um elemento transitório e inconsistente para a instituição e por isso contemplamos também nesse projeto, além da proposta de atuação direta em sala, uma proposta de estudo com os educadores dos grupos em que estagiaríamos, buscando discutir as alternativas que propúnhamos, bem como criar possibilidades de continuidade ao processo iniciado, refletindo-o. Para além disso, tal intenção deveu-se ao fato de entendermos que a formação em serviço dos educadores é fundamental para a qualificação do processo educacional e nela precisa-se investir profundamente. Também consideramos que tal formação deva partir do cotidiano da sala de aula, onde se concentram as dificuldades do educador, instrumentalizando-o teoricamente para a reflexão de sua prática. Por isso procuramos, nesse estágio, partilhar mais sistematicamente as experiências e alternativas propostas para o trabalho pedagógico com as crianças bem pequenas.

> Partindo dessas questões, o projeto coletivo consistiu num plano de trabalho para o estágio, dentro e fora da sala de trabalho, sustentado teoricamente pelo referencial de L. S. Vygotsky e H. Wallon acerca do desenvolvimento e do aprendizado infantil, tendo como eixos orientadores do trabalho a ser desenvolvido as interações, o jogo e a linguagem a partir da (re)organização do espaço e do tempo nos grupos BI, BII, MI e MII. Tal projeto definia três objetivos básicos que orientaram nossa atuação na creche: dar continuidade ao processo de intervenção iniciado pelas estagiárias dos semestres 94.2/95.1; desenvolver um trabalho de formação com os professores dos grupos com base no referencial do projeto; e trabalhar a linguagem, o jogo e as interações a partir da reorganização do espaço e do tempo. (Souza *et alii* 1995)

O projeto foi construído, buscando fundamentar-se sobre bases teóricas que compreendessem o desenvolvimento humano na totalidade de suas dimensões: a social, a biológica, a cultural. As possibilidades foram vislumbradas para além dos limites encontrados e chegara a hora de concretizá-lo dentro e fora das salas de trabalho.

Assim, a partir dos eixos gerais propostos no projeto, organizamos o trabalho com os educadores e conduzimos a prática de estágio nos grupos das crianças menores fazendo, por meio do planejamento, a transposição dos objetivos mais amplos para as especificações da faixa etária de cada grupo. Em decorrência disso, no segundo semestre de 1995, quando da segunda etapa do processo de estágio – a coordenação de grupo –, tínhamos diretrizes gerais para encaminhá-la, entretanto, pela especificidade de cada grupo, os processos se diferenciaram constituindo situações e momentos peculiares vividos no interior de cada sala.

O projeto de estágio em movimento: Quantas possibilidades!

A partir de agosto de 1995, iniciamos na creche o estudo com os educadores e, em setembro, as coordenações dos grupos de crianças, quando então se daria o encaminhamento daquilo que havíamos proposto no projeto de estágio.

No trabalho com os educadores elaboramos uma proposta que visava a encontros sistemáticos, onde trataríamos das questões da educação infantil abordadas no projeto de estágio, bem como a proposta que encaminhávamos por meio dele. Para isso, utilizamos textos (produzidos pelas educadoras e também aqueles utilizados no projeto), além de vídeos e situações do cotidiano, tudo permeado pelas discussões. Ao todo foram seis encontros sendo que um deles estendeu-se a toda a creche, fazendo crescer a proposta de discussão e diálogo com toda a instituição. Esse aspecto foi importantíssimo para o desenvolvimento da experiência: a participação efetiva de todos os segmentos da creche. Nem sempre houve consenso, nem sempre foi tranquila a relação. Todavia, ela se deu a partir de um foco claro: as crianças.

Embora o projeto tivesse sido elaborado coletivamente para quatro grupos (BI, BII, MI e MII) no encaminhamento da proposta, caberia a cada dupla atuar especificamente na sua respectiva turma, adaptando a proposta à sua realidade. Desse modo, tendo como base de sustentação o projeto de estágio, foram elaborados planejamentos (mensais, semanais e diários) direcionados a cada grupo de crianças.

De acordo, portanto, com o referencial teórico que nos orientava, o trabalho nos quatro grupos teve como ponto de partida a reestruturação do espaço das salas e das rotinas. Por meio de doações, da colaboração da diretora da creche, de materiais alternativos utilizados (sucatas em geral), o espaço de cada sala foi transformado, introduzindo-se "zonas circunscritas"[3] que no cotidiano foram chamadas de "cantos", construindo-se uma decoração significativa, qualificando espaços e personalizando-os. Aliado a isso, também eram experimentadas mudanças na rotina de cada grupo, de modo que as crianças pudessem situar-se e participar da construção de cada momento dos seus dias na creche.

Foi por meio dessa reestruturação espacial e temporal (diferenciada conforme a faixa etária) que se desenvolveram trabalhos também diferenciados em cada grupo. No BI, aconteceu a exploração mais sistemática de espaços e objetos como a "casinha" (uma casa enorme de papelão!), a escada, a "rede do sossego", os passeios no "transporte coletivo", o reconhecimento corporal através do espelho etc. No BII, aconteceu a construção de "rituais" como o da roda, da chamada, dos espaços personalizados com fotos e/ou símbolos, da autonomia... No MI, a rotina foi (re)organizada, sendo permeada pela fantasia. A identidade do grupo e a individual foram reforçadas, principalmente, com base nos símbolos e nos "rituais" como a roda; o espaço foi transformado, sendo criados o Espaço da Roda, o Canto dos Brinquedos, a Casinha, o Canto da Fantasia e o Ateliê... No MII,

3. Sobre a definição de "zonas circunscritas", ver Carvalho e Rubiano (1994).

aconteceu o estudo sistemático dos conhecimentos científicos, passeios e visitas externas, além da incorporação de novos momentos como a roda e a chamada com os símbolos e da organização de espaços como a Casinha, Canto das Bonecas e dos Livros.

Quanta coisa fizemos! Quantos momentos ricos vivemos! Quantas descobertas na relação com as crianças!

Do processo, queremos contar aqui um pouco mais dessa experiência desafiadora vivida no estágio. Queremos compartilhar a história construída com cada grupo de crianças, sempre apostando nas possibilidades de criação de alternativas.

Apostando nas possibilidades: Uma aventura com os bebês

O Berçário I reunia crianças na faixa etária de três meses a um ano e foi o grupo que certamente trouxe maior apreensão às estagiárias: "O que fazer com bebês que não falam, não andam, não brincam?" O primeiro desafio seria justamente perceber como os bebês "falavam", "andavam", "brincavam", enfim, como eles se apropriavam do mundo.

Nesse grupo, formado por 16 crianças (dez meninas e seis meninos), além de uma professora e duas auxiliares, a rotina estruturava-se a partir dos cuidados de alimentação e higiene que tomavam a maior parte do tempo dos educadores; o espaço do grupo era constituído por berços recostados às paredes, uma decoração que consistia em figuras estereotipadas e móbiles colocados fora do alcance e da visão das crianças. Discutindo com a professora e auxiliares sobre esse espaço e essa rotina, percebemos que sua organização não propiciava muitas situações de exploração, falas e interações.

A partir dessa realidade, tentou-se inicialmente intervir na rotina (nas situações de cuidado, principalmente) utilizando-se como instrumento principal a linguagem verbal e corporal, além da organização do espaço. No banho, o contato físico, a exploração do meio e a descoberta do eu corporal foram propiciados pela relação adulto-criança e pela organização do espaço. Móbiles e figuras de animais e de bebês foram espalhados pela sala e no banheiro criando focos ricos de interação, além de fotos das crianças coladas no cabideiro (espaço destinado às mochilas), identificando os pertences de cada criança e contribuindo para a construção da sua identidade. Na sala, brincadeiras eram incentivadas a partir da interação adulto-criança, como era o caso da brincadeira de carrinho, onde os bebês acomodados sobre cobertores eram "arrastados" pelo espaço da sala.

Alguns elementos novos também foram incluídos na sala transformando a rotina do grupo. Uma escadinha de madeira, onde as crianças subiam e desciam, era superdisputada; uma rede de balanço convidava ao sossego; o espelho era um grande atrativo para beijos, caras e bocas, permitindo às crianças irem se apropriando do seu eu "corporal". Além disso uma casinha (enorme!) feita de caixa de papelão fez o maior sucesso! Com portas e janelas, propiciou explorações que eram pura brincadeira. As crianças entravam, saíam, colocavam a cabeça na janela, enfim, faziam estripulias... Além disso, um "transporte coletivo" feito com rodas adaptadas a um berço fez a festa na creche. As crianças do Berçário I foram visitar os grupos vizinhos, entre risadas e olhares curiosos.

Durante o período de estágio, percebemos a constituição de um novo espaço, e mais que isso, uma significação muito forte pelas crianças no grupo BI. As brincadeiras se intensificaram, as interações se qualificaram mais e a linguagem foi mais enfaticamente utilizada, transformando esse espaço e as relações que nele se estabeleciam. Esse trabalho foi realizado não só pela estagiária, mas pelas educadoras do grupo, que, ainda que com receios inicialmente, foram aos poucos incorporando e vivendo efetivamente essa história. Sem a participação e a troca com as educadoras, não seria possível construir a experiência que agora é narrada.

Desse trabalho realizado, o que se evidenciou foram as possibilidades que podem se abrir no trabalho pedagógico com os bebês, articulando cuidado e educação. A qualificação desses cuidados foi, também, um aspecto importante. Apostar e investir na autonomia das crianças foi um princípio do projeto de estágio e, no Berçário I, apesar das limitações que possam ter existido, essas possibilidades foram buscadas nas brincadeiras, nas trocas, na alimentação, permitindo à criança buscar e encontrar no espaço e no "outro" (nesse caso o adulto, principalmente) oportunidades de aprendizado.

Entre limites e possibilidades: Abrindo espaço para brincar com as crianças

O grupo Berçário II era constituído por 14 crianças de um ano e meio a dois anos de idade, sendo três meninas e 11 meninos, e por três educadoras: uma professora e duas auxiliares. Curiosas e sempre bem-humoradas, as crianças (bem como os adultos) passavam seus dias num cenário bastante comum à maioria das creches: uma sala ampla, com espaço central vazio, cujo mobiliário constituía-se em três mesas, quinze cadeiras, um balcão, um banco e um armário, todos recostados às paredes. Havia também um cabideiro de mochilas, pregado no alto da parede, identificado por recortes iguais de um barquinho, cada qual com o nome de uma criança. A decoração, feita pelos adultos, ficava fora do alcance do grupo, que também não tinha acesso livre a materiais ou brinquedos. O espaço físico assim estruturado restringia em muito as possibilidades de exploração, de jogo e de interações nesse grupo. Além da sala, também havia um banheiro (com porta para a sala) e um pequeno solário.

Higiene, alimentação e a chamada "hora da atividade" eram basicamente os momentos que constituíam a rotina. Na hora da alimentação as crianças, uma por vez, recebiam do adulto o alimento que lhes era dado à boca. Nos momentos de higiene priorizava-se a rapidez da troca, do banho etc. e, por isso, era difícil estabelecer uma relação mais afetiva e mais rica em interações com a criança. Em meio a bonecos e chocalhos, as crianças vivenciavam a hora da atividade, compreendida pelas educadoras do grupo como o momento destinado ao trabalho pedagógico, em que o adulto realizava a concretização de seu planejamento. No BII, portanto, esse momento acontecia após o lanche.

Entre observações e discussões, sempre fundamentadas em nosso referencial teórico, vislumbramos a necessidade de enriquecer esses momentos, priorizando, sim, a relação afetiva, o diálogo (fosse verbal ou corporal), no intuito de possibilitar ao grupo e a cada criança individualmente momentos mais ricos em interações, para a construção da autonomia, da identidade etc. Da mesma forma, também o espaço necessitava ser reestruturado, incrementado, de forma a melhor atender às necessidades daquele grupo.

Desse modo, a partir do período de coordenação de grupo, após alguns experimentos, procuramos criar para o grupo um espaço que propiciasse o jogo, o uso da linguagem e as interações: daí elegermos os "cantos" como fundamentais no ambiente infantil e definirmos alguns espaços estruturados para oferecer às crianças. Sendo assim, passamos a contar com o Canto do Pula-Pula; o Canto dos Brinquedos – que era modificado diariamente; o Canto dos Colchonetes (mais tarde Canto do Espelho); o Canto da Troca e, ainda, a Cabana, improvisada no vão de um balcão com cortina, além do espaço central onde ficavam as mesas para as refeições.

Na decoração foram introduzidas figuras de crianças, animais, móbiles e foi introduzido também o cartaz de pregas com os cartões-símbolo. O cabideiro foi colocado à altura do grupo com as respectivas fotos das crianças para guardar as mochilas, além das canecas que foram personalizadas com os símbolos. O solário recebeu uma caixa de areia, pneus que foram enterrados criando-se alternativas para as crianças, e uma pintura coloriu todo o espaço.

Em relação à estrutura da rotina, buscamos qualificar os momentos já existentes, além de introduzir os momentos da "roda" e do "parque", tentando desmistificar a "hora da atividade". Na alimentação, privilegiou-se o trabalho sobre autonomia, incentivando-se as crianças a comer sozinhas. Nos momentos de "roda" realizávamos a brincadeira da chamada, apresentávamos as novidades e contávamos histórias. "Brincadeiras variadas" foi como denominamos o momento em que o grupo tinha um espaço específico para brincar em pequenos grupos, duplas ou individualmente, escolhendo o que era de seu interesse dentre as propostas oferecidas. A visita ao solário passou a ser uma constante na rotina, favorecendo principalmente o jogo e a interação criança-criança. No momento da higiene fomos compreendendo que a primeira iniciativa era estabelecer uma relação afetiva, de respeito e proximidade com as crianças, também incentivando-as a participar de sua higiene.

Analisando sinteticamente nossa ação no espaço da sala, podemos dizer que alcançamos muito no BII. Desde o início de nossa atuação, quando fizemos a reestruturação do espaço da sala e passamos a oferecer oportunidades diversas para brincadeiras, começávamos a perceber que o grupo ia gradualmente se constituindo como tal. Reconheciam todos (em alguns casos quase todos) os colegas de sala e todos os adultos. Víamos também que as crianças formavam duplas ou pequenos grupos em torno de brinquedos e/ou nos espaços propostos e iniciavam situações riquíssimas em interações. De modo geral, na comunicação do grupo, passou a ser mais presente a linguagem verbal, mesmo que os gestos, as expressões e atitudes continuassem sendo instrumentos mediadores na comunicação entre as crianças. Em relação ao jogo, o mérito de nossa experiência foi ter propiciado às crianças situações que favorecessem a atividade do jogo infantil, especialmente "os jogos lúdicos funcionais" (movimentos corporais) e o despontar dos jogos lúdicos de ficção (brincadeiras simbólicas), bem como ter apontado um caminho possível de se trabalhar tal eixo para garantir à criança o direito de brincar.

Construindo possibilidades no Maternal I: É preciso muita fantasia

Quando retornamos ao grupo em agosto de 1995 (após as observações e a elaboração do projeto) reencontramos uma turma de 17 crianças (sete meninas e dez meninos), entre dois e três anos, tentando descobrir e se apropriar do mundo através de um espaço que não oferecia muito, além de uns poucos brinquedos bastante danificados e mesas com cadeiras. Além disso a sala dispunha de dois armários recostados nas paredes, onde ficavam guardados todos os materiais e brinquedos existentes na sala, fora do alcance das crianças. A rotina, bem como o espaço, era organizada em função do adulto que se desdobrava em atender às solicitações das crianças que dele dependiam para tomar água, fazer xixi, brincar, comer...

Nosso primeiro objetivo era, então, experimentar algumas propostas de espaços, e ao mesmo tempo já iniciar a delimitação de outros. Articulado a isso, investíamos na (re)organização da rotina, muito mais com o intento de qualificá-la melhor do que de alterá-la propriamente. Dessa forma íamos investindo na autonomia das crianças, propiciando que se servissem sozinhas, fossem sozinhas ao banheiro, que tivessem acesso aos seus pertences (mochilas), entre outras coisas. A linguagem foi imprescindível nesse momento (e em todo o decorrer do estágio). Fomos estabelecendo com as crianças um diálogo que questionava suas atitudes, propunha brincadeiras, enfim, uma relação de confiança era construída. No entanto, o maior desafio nessa primeira etapa da regência foi a construção do grupo e da identidade pessoal e individual das crianças, que a propósito não se alcança sem uma rotina organizada e qualificada e vice-versa. Para tanto, iniciamos a construção da roda e dos símbolos, o que acabou sendo uma das marcas desse grupo. A roda, construída pouco a pouco, possibilitou às crianças perceberem umas às outras e o sentido de grupo, de coletivo, além de ser um referencial, um dos eixos da rotina. Os símbolos criados, com e a partir das crianças, tornaram-se o elemento comum ao grupo: tornaram-se a brincadeira, a identidade das crianças. A fantasia foi o que possibilitou viver esse processo de construção da identidade como uma gostosa brincadeira: o "Mágico", um ser fantástico criado e introduzido por nós no grupo, foi quem permeou todas as propostas. Aliás, sem fantasia, não teríamos avançado muito.

No entanto, nesse processo foi muito difícil estabelecer os limites com as crianças. Temíamos ir da autoridade ao autoritarismo, ou então cair na permissividade. Precisamos buscar referenciais que nos ajudassem a superar esse problema, e foi uma busca difícil dentro e fora do grupo.

Posteriormente, com a delimitação dos espaços (Espaço da Roda, Canto dos Brinquedos, Casinha, Canto da Fantasia e Ateliê), criados com base nas percepções e experimentações realizadas com/no grupo, pudemos nos dedicar ainda mais à construção da autonomia, da identidade, e, principalmente, possibilitar às crianças o jogo, a linguagem, a partir da interação criança-criança. No Espaço da Roda, composto do tapete e da figura do "Mágico", aconteciam os momentos de reunião e conversas entre o grupo: o lanche, as surpresas, as combinações, tudo era feito nesse espaço. O Canto dos Brinquedos, que reunia os jogos e as bonecas do grupo, consistia em duas prateleiras e uma mesa delimitadas por um banco. Ali as crianças aprendiam a interagir compartilhando os jogos. A Casinha foi construída com papelão e isopor (fogão, geladeira e pia) e enriquecida com mesa, louças e embalagens de produtos industrializados, tudo em tamanho proporcional às crianças. O Canto da Fantasia tinha os colchões, o espelho e os livros. O Ateliê concentrava as mesas, onde também eram feitas as refeições, e uma estante com materiais como revistas, lápis etc. Nesse espaço aconteceram as brincadeiras com "meleca" (grude) que foram verdadeiras delícias para as crianças. Além desses espaços, o filtro e o cabideiro das mochilas foram colocados à altura das crianças, permitindo-lhes ter autonomia para dispor desses objetos.

Os espaços organizados permitiram às crianças brincar mais entre elas, compor enredos e viver situações de faz de conta que antes não eram possíveis pela falta de objetos, que nessa faixa etária definem o pensamento. Esse mesmo espaço foi enriquecido com o "Mágico", que se materializou no grupo no cartaz de pregas; os símbolos decoraram os cabideiros e se transformaram em móbiles... enfim a sala se transformou.

Os espaços construídos enriqueceram os enredos e as brincadeiras das crianças, permitindo a vivência de papéis diferenciados entre elas.

Ao final podemos dizer, entre sonhos e expectativas, entre o desafio e a conquista: o Maternal I transformou-se num espaço delicioso de brincadeiras e aventuras; em termos de relações, tornamo-nos efetivamente um grupo.

O trabalho pedagógico no Maternal II: Do espaço à conquista do grupo

O grupo Maternal II era composto por 16 crianças (oito meninas e oito meninos), com idade entre três e quatro anos, mais uma professora e um auxiliar.

Como nos outros grupos, uma das vertentes principais do trabalho realizado no MII diz respeito às modificações no espaço e na rotina. A sala do grupo era estruturada por um espaço amplo, com um vazio central, sendo que toda a mobília (três mesas, um armário e um balcão) encontrava-se recostada nas paredes. A decoração, os brinquedos, os utensílios e os materiais didáticos ficavam todos fora do alcance das crianças.

A sala foi sendo reestruturada com a introdução de diferentes espaços: Canto da Leitura, Canto das Bonecas, Canto da Casinha, todos delimitados com estantes baixas (obtidas por meio de doações). As crianças passaram, assim, a ter livre acesso a livros, brinquedos, materiais e filtro de água. A decoração foi refeita junto com as crianças, e a sala passou a contar com um calendário, um cartaz de pregas para colocação dos símbolos de cada criança, um cartaz do ajudante do dia e outros objetos confeccionados pelo grupo. O espaço da Casinha foi organizado também com pia, fogão e geladeira montados com papelão, e pintados pelas crianças. Em tamanho proporcional a elas, foi um canto muito procurado.

Interligada a toda a reestruturação do espaço da sala também se dava a reestruturação da rotina, que antes contava com os momentos de higiene, alimentação e a "hora da atividade", e passou a ser composta também por momentos como a Roda da Chamada, a Hora da Surpresa, a roda de escolha do ajudante do dia e, às vezes, as saídas externas (passeios).

Por meio da confecção do cartaz de pregas, do ajudante do dia, do calendário, novos "rituais" passaram a fazer parte da rotina do grupo: todos os dias na primeira roda eram escolhidos por sorteio dois ajudantes (seus nomes eram tirados de uma caixa e iam para o cartaz); na segunda roda fazia-se a chamada com os cartões de identificação das crianças (cada um continha nome e símbolo respectivo), que iam para o cartaz de pregas. Esses momentos de roda eram realizados no Tapete da Conversa.

Dentro da rotina (re)construída no MII, foi possível também realizar estudos de alguns assuntos significativos ao grupo: as profissões (em especial bombeiros e policiais, figuras tão presentes no cotidiano daquelas crianças) e o corpo, por meio de leituras, conversas, passeios etc.

Paralelamente a tudo o que já foi relatado, vinha-se trabalhando fortemente a questão dos conflitos, muito presentes no grupo em decorrência não só das características do desenvolvimento dessa faixa etária, mas da própria organização do tempo e do espaço que não oferecia muitas oportunidades de interações às crianças. Em todos os momentos estava-se atuando no intuito de propiciar, por meio de jogos e conversas, maiores oportunidades de interações qualificadas. Com a (re)organização do espaço as crianças passaram a ter mais oportunidades de brincar, substituindo a disputa pela interação. Além do que, com os novos rituais, construídos dia a dia, a reunião das crianças foi ganhando a forma de um grupo.

Revendo a trajetória: Do proposto ao conquistado

Quando nos defrontamos no início do estágio com o desafio de encaminhar um trabalho pedagógico com crianças de três meses a quatro anos, sentimos apreensão. Tínhamos poucas referências (teóricas e em termos de experiências) para essa faixa etária e não dispúnhamos de experiência na área. Diante desse desafio, fomos buscar no referencial teórico subsídios que nos permitissem encontrar possibilidades para encaminhar o trabalho pedagógico com as crianças, e a compreensão dele entre os educadores.

O projeto de estágio foi nosso grande aliado. De um lado, praticávamos o exercício de pensar, planejar e propor a prática que queríamos, sendo para isso necessárias bases teóricas consistentes que justificassem o trabalho a ser empreendido; de outro lado, aprendíamos a ser grupo, a compreender mais profundamente o que nós mesmas dizíamos (apoiadas no referencial teórico sócio-histórico) a respeito da importância do "outro" no aprendizado e no desenvolvimento humano. Nesse primeiro momento do processo de estágio, gestamos a nossa sustentação teórica, a nossa proposta de atuação e algumas indicações metodológicas. Construíamos uma metodologia para o trabalho com as crianças pequenas. Uma metodologia que não tinha objetivos em si mesma, mas que se originou de uma proposta mais ampla de trabalho, tecnicamente viável e politicamente comprometida com o direito das crianças a uma educação de qualidade; uma metodologia que era efetivamente um instrumento vivido, repensado e reconstituído no cotidiano, tanto no trabalho com as crianças quanto com os educadores.

Além dessas conclusões mais específicas sobre o processo de elaboração do projeto, após o término de todo o processo de estágio, podemos afirmar que ele foi, sem dúvida, fundamental; ousaríamos dizer que ele foi a espinha dorsal desse processo que nos permitiu, em espaços diferentes, encaminhar e adaptar uma proposta única, que nos permitiu ter os mesmos princípios de ação, as mesmas concepções acerca do trabalho empreendido e nos permitiu, na divergência, buscar em conjunto a unidade.

Na avaliação (pós-estágio) que realizamos, concluímos que os objetivos propostos no projeto haviam sido alcançados, ou pelo menos tocados... A (re)organização do espaço empreendida de forma diferenciada nos quatro grupos possibilitou às crianças maior autonomia: brinquedos, materiais e água passaram a ficar à sua disposição; as interações passaram a ser intensificadas e mais bem qualificadas: as crianças se descobriram e aos "outros", aos objetos, aos conhecimentos; tinham muito mais possibilidades de enredos... Também conquistamos mais intencionalidade e qualificação no uso da linguagem: ao optarmos pelo diálogo, pelo ouvir e falar com as crianças, elas foram instrumentalizando seu pensamento, substituindo gestos por palavras.

A rotina, por sua vez, intrinsecamente ligada à organização do espaço, possibilitou às crianças estarem se situando e se construindo no mundo como indivíduos e como grupo nas rodas, nas trocas... Com a (re)organização da rotina ficou evidente, também, a possibilidade (e necessidade) de pedagogização dos cuidados, de todos os momentos da rotina, articulando com qualidade o binômio cuidar/educar. Foi na dialeticidade rotina/espaço que conseguimos, efetivamente, construir grupos e sua identidade e foi também, a partir disso, que nós, educadoras, pudemos dispor de mais tempo para observar as crianças individualmente e no grupo; para conversar e mediar mais significativamente os conflitos; para propor e participar, quando necessário, das brincadeiras das crianças visto que elas, pela autonomia propiciada, já não dependiam mais de nós para ir ao banheiro, tomar água ou brincar. O processo havia sido descentralizado do adulto.

Um fator que consideramos fundamental para alcançar essas conquistas foi o trabalho desenvolvido com os professores. Por intermédio dele nos aproximamos dos educadores, e tentamos partilhar ali os saberes para propormos um trabalho pedagógico diferenciado. Isso foi fundamental para termos mais espaço, menos conflitos e mais partilha em sala e principalmente mais aprendizado mútuo... Para além disso, esse trabalho com os educadores, incluído no projeto de estágio, representou um passo a mais no processo que vem sendo construído, na busca de uma prática de ensino que articule universidade e escolas/creches públicas. Essa articulação entre as instituições – universidade e escolas públicas – e entre os sujeitos – estagiárias, supervisores de estágio e corpo técnico-administrativo da instituição –, realizada por um projeto amplo, que vise à qualidade e ao comprometimento do trabalho pedagógico (com os sujeitos do ensino público que têm sido expropriados, historicamente, do direito a uma educação igualitária de qualidade), pode indicar novas possibilidades tanto para as práticas de estágio quanto para a própria formação de todos os profissionais envolvidos.

Com relação ao trabalho em sala, guardadas as especificações de cada grupo e sua faixa etária, tivemos problemas e conquistas comuns. Como já foi descrito nos relatos anteriores das experiências nos grupos, os eixos definidos no projeto foram concretizados das mais diferentes formas e esse foi um dos obstáculos a serem superados: adaptar a proposta de trabalho do projeto ao cotidiano de cada grupo. Para isso foram necessárias a troca de ideias, as avaliações e uma orientação competente da supervisora de estágio, além dos subsídios teóricos fornecidos pelo projeto. Graças a isso, conseguimos avaliações como instrumentos imprescindíveis para refletir a prática e superar obstáculos. No entanto, diante de todas essas conquistas ficou-nos a certeza de que tanto espaço quanto rotina por si sós não transformam e não qualificam o trabalho pedagógico. É o educador e a intencionalidade que ele coloca em seu trabalho que definem essa qualificação. Sem isso o processo pedagógico deixa de existir.

É nesse espaço aqui também que colocamos o imprescindível apoio (moral e prático) que nos foi dado pela direção da creche, que literalmente construiu os espaços conosco. A creche, por meio do trabalho da coordenação pedagógica e da direção, assumiu efetivamente o compromisso e o respeito à criança como princípio de seu trabalho, transformando a instituição.

Em uma última análise de todo esse processo, ao voltarmos nossos olhos para o que vivemos e deixamos de viver, ao rememorarmos cada dor e cada delícia do processo, fica-nos a certeza de que as possibilidades existem e são até muitas, tantas quantos são os limites encontrados no caminho. Buscar alternativas para superar esses limites só é possível, no entanto, partindo-se de princípios e referenciais teóricos consistentes, de uma prática intencional e de um inabalável e profundo compromisso com a criança que tem direito a uma educação de qualidade: ao brincar, ao interagir, ao se comunicar num espaço que lhe permita descobrir e apreender o mundo, para então, quem sabe, transformá-lo.

Bibliografia

BÉRTOLI, Alessandra *et al.* "Em busca de diretrizes para o trabalho pedagógico na educação infantil: A linguagem, as interações e o jogo". Florianópolis, 1994. Projeto de estágio (Pedagogia) – Departamento de Metodologia do Ensino, Universidade Federal de Santa Catarina.

CARVALHO, M.I.C. e RUBIANO, M.R.B. "Organização do espaço em instituições pré-escolares". *In*: OLIVEIRA, Z. de M.R. de (org.). *Educação infantil: Muitos olhares*. São Paulo: Cortez, 1994, pp. 107-125.

CUNHA, Cristiane da. "Apostando nas possibilidades: O trabalho pedagógico com o Berçário I". Vol. 1. Florianópolis, 1995. Relatório de estágio (Pedagogia) – Departamento de Metodologia do Ensino, Universidade Federal de Santa Catarina.

FLOR, Nelzi e SILVA, Sandra M. da. "Dos limites às possibilidades no Maternal I: A trajetória do desafio". Vol. 3. Florianópolis, 1995. Relatório de estágio (Pedagogia) – Departamento de Metodologia do Ensino, Universidade Federal de Santa Catarina.

GALVÃO, Isabel. *Henri Wallon. Uma concepção dialética do desenvolvimento infantil*. Rio de Janeiro: Vozes, 1995.

SILVA, Claudinéia A. da e GUTHIÁ, Marluci. "Entre limites e possibilidades: A construção de um trabalho pedagógico com o Berçário II". Vol. 2. Florianópolis, 1995. Relatório de estágio (Pedagogia) – Departamento de Metodologia do Ensino, Universidade Federal de Santa Catarina.

SOUZA, A.N. de *et al.* "O trabalho pedagógico com crianças de 0 a 4 anos: Dos limites às possibilidades". Florianópolis, 1995. Projeto de estágio (Pedagogia) – Departamento de Metodologia do Ensino, Universidade Federal de Santa Catarina.

SOUZA, Aldanei N. e FABRE, Zélia Natália. "O trabalho pedagógico com crianças de 0 a 4 anos: Dos limites às possibilidades – Maternal II". Vol. 4. Florianópolis, 1995. Relatório de estágio (Pedagogia) – Departamento de Metodologia do Ensino, Universidade Federal de Santa Catarina.

VYGOTSKY, L.S. *A formação social da mente*. 4ª ed. São Paulo: Martins Fontes, 1991.

________. *Pensamento e linguagem*. 3ª ed. São Paulo. Martins Fontes, 1993.

WAJSKOP, Gisela. *Brincar na pré-escola*. São Paulo: Cortez, 1995. Col. "Questões da nossa Época".

3

ESPAÇO QUE DÊ ESPAÇO

Experiência de estágio
com crianças de onze meses
a um ano e três meses

Lilian Pacheco S. Thiago

... E lá estava eu, sentada, observando-os: quatro meninas e três meninos (na faixa etária entre 11 meses e 1 ano e 3 meses) e... sendo observada. Meu encontro com esse grupo de crianças teve início no primeiro semestre de 1997, no mês de maio. Começava o período de estágio para as alunas do curso de Pedagogia (habilitação educação pré-escolar) da UFSC, mais precisamente alunas da disciplina "Prática de ensino na pré-escola", disciplina que nos levou a reflexões, à ampliação de conhecimentos acerca da realidade da educação de crianças de zero a seis anos, principalmente em instituições educativas.

Cuidar... Educar... Situações diferenciadas ou está implícita uma íntima relação?

Como estamos vendo as crianças? Pequenos seres "incompletos e incompetentes" ou sujeitos ativos, capazes de construir significados e conhecimentos nas interações que estabelecem com seus pares, com os adultos e com a cultura?

Essas e outras questões perpassavam meus pensamentos nesse primeiro momento de estágio, período de observação, desafiando minhas percepções em busca de respostas concretas e coerentes acerca do fazer pedagógico com crianças nessa faixa etária.

O registro diário dessas observações seria de fundamental importância. Permitiu-me construir, analisar, rever, avaliar, refazer a história desse fazer pedagógico, história de uma relação que teria mais significado se fosse sempre pensada, sentida, vivida intensamente. Mas, para tanto, seria necessária também uma pauta – um roteiro que definisse o foco do olhar. Assim, lá estava eu, observando um pedacinho daquele cotidiano, atenta às situações e aos procedimentos pedagógicos ali presentes.

Meu olhar foi sendo construído com base em um roteiro composto de algumas perguntas que, de modo geral, posso traduzir da seguinte maneira: quais as atividades mais trabalhadas no grupo? Quem as propõe? Fora da ação da educadora do grupo, quais as atividades realizadas pelas crianças? Há planejamento? Que aspectos são considerados? Como se dão as interações na dinâmica do trabalho pedagógico? Como é conquistada e estabelecida a ordem na sala; que vozes são ouvidas? E a organização espacial: que ambientes são utilizados? Como são ocupados? Que materiais estão disponíveis?

Perguntas que orientam, olhares que investigam. Fui assim construindo minha compreensão daquele cotidiano educativo e daquele grupo de crianças.

Os bebês e o cotidiano do grupo: Desenvolvimento e aprendizagem

No primeiro dia, ao chegar à sala do grupo, cumprimentei-os sorrindo, procurando olhar para cada uma das crianças. A educadora apresentou-me a elas. Senti seus olhinhos fixos em mim, curiosos. Nada de sorrisos!

Desde então, procurei estabelecer com elas um elo afetivo e de confiança, participando, de alguma forma, de suas atividades. Um trabalho de conquista que foi se concretizando com a coordenação de uma ou outra atividade diária (etapa do estágio chamada de "observação participativa") e depois com a coordenação direta do grupo (etapa em que assumi o trabalho cotidiano por inteiro). Agora sim, com direito a sorrisos e olhares carinhosos...

Quando os conheci, no primeiro semestre de 1997, eles engatinhavam, faziam tentativas de se erguer nos pequenos móveis e, ao conseguir, andavam amparando-se nos mesmos.

Que surpresa! Ao voltar para a continuação do estágio em agosto,[1] o grupinho estava todo serelepe, andando para lá e para cá, movimentando-se, esbarrando-se... Alguns ainda cambaleando, porém vivendo uma nova fase, uma nova experiência na conquista da liberdade e da autonomia. As palavras já começando a fazer parte dos recursos utilizados por eles para se comunicarem.

> O desenvolvimento das crianças é surpreendente! Todas estão andando. Movimentam-se na sala e no pátio com facilidade. Tentam se comunicar com sons mais inteligíveis e algumas palavras claras. Sofia descobriu que pode chamar a Luiza e anda atrás dizendo: "Iza! Iza! Iza!" Uma graça! A linguagem fazendo comunicação entre as crianças e entre elas e o mundo social. (Registro de 11/8/97)

Uma nova movimentação no espaço acontece. O prazer de se sentirem livres, podendo ir de um lado para outro, mais rapidamente, está expresso em todo o seu corpo. Mãos, pernas, olhares, sorrisos, sons

1. O estágio no curso de Pedagogia – educação pré-escolar – da UFSC é realizado nos dois últimos semestres do curso. Sobre a proposta de estágio, ver o artigo "Andando por creches e pré-escolas públicas: Construindo uma proposta de estágio" neste volume.

(gritinhos). Estavam com nova expressão, "cada um na sua", porém vivendo interações significativas, mesmo que estas não fossem coordenadas. Disputam o espaço e os objetos. Defendem a posse do objeto preferido. Não ficam muito tempo em uma determinada brincadeira. Se não estão interessados na atividade proposta, saem em busca de outra. Costumam, agora, guardar os brinquedos no cesto e na prateleira, quando passam de uma atividade a outra.

No segundo semestre, era visivelmente grande o desenvolvimento das crianças. A contribuir com tal desenvolvimento, certamente, estava a atuação das educadoras do grupo (uma professora e uma auxiliar-bolsista).

Quanto a isso, em minhas observações percebi que, em geral, as educadoras desenvolviam atividades (específicas e planejadas) com eles sentados em círculo, em um tapete no centro da sala ou na área externa da instituição. Esse momento era bem demarcado no cotidiano, quando as crianças eram chamadas, convidadas para uma determinada atividade, dirigida ou coordenada pelas educadoras.

Articuladas às atividades de cuidado (higiene, alimentação, sono) estavam as chamadas atividades pedagógicas, sempre planejadas pela professora: passar pelo túnel de pano; rasgar papéis e depois colocá-los em caixinhas pequenas e individuais; atividade com papel celofane (explorando sons, sentindo texturas, observando transparência) etc.

Notava-se a preocupação das educadoras com o planejamento e o desenvolvimento de atividades para as crianças. Mas as crianças eram bebês e eu, como estagiária, educadora em formação, mais e mais ia me questionando: seria essa a direção para o trabalho educativo com crianças bem pequenas? Seria possível distinguir os momentos de atividades pedagógicas e os momentos de atividades de cuidados? Que concepções estão por trás de uma prática que delimita, no cotidiano educativo, o momento "da atividade"?

A experiência de estágio com crianças pequenas mudou significativamente minha concepção sobre o papel do educador infantil e o que pode ser planejado para o desenvolvimento da função educativa com essa faixa etária (zero a três anos).

Olhar as crianças, repensar o planejamento

Os questionamentos que surgiam durante o processo de estágio, sobre o planejamento para as crianças pequenas, apenas reforçavam as preocupações que vivemos durante todo o curso, quando estudávamos concepções diferenciadas de criança, processo educativo, funções da educação infantil, entre outras.

Foi a partir de estudos realizados na disciplina "Didática especial da pré-escola" que percebemos o "projeto de trabalho" como uma forma interessante de planejar em educação infantil. Forma esta que privilegiava o olhar a criança, sua expressão, seu questionamento, seu silêncio. O planejamento não como uma mera formalidade, mas como um instrumento para "ouvir outras linguagens", para conhecer as crianças.

O período de estágio foi um período em que pudemos experimentar propor e elaborar tais projetos. Momentos de ousadia, de busca, de pesquisa, de desafios e de compromisso em aprofundar nossos estudos e práticas.

"Caixas mágicas" foi o primeiro projeto elaborado por mim e surgiu observando o interesse das crianças em tudo o que está escondido, fechado: armários, bolsas etc. Foi somente um ensaio, pois estávamos procurando entender o que seria planejar por projetos, em educação infantil.

A seguir, um pequeno retrato do projeto "Caixas mágicas":

> Organizei o material necessário para este fim: caixas que guardavam surpresas e ofereciam interações significativas. Coloquei um tapete no centro da sala, em frente ao espelho. As crianças sentaram em volta. Caixas que se encaixavam, forradas com papel colorido e laço de crepom,

foram abertas pelas crianças, com meu auxílio. À medida que uma caixa era aberta, outra surgia, excitando a criançada, despertando o interesse em saber o que viria depois, na outra caixa. Finalmente a última caixa tinha um palhacinho, tipo marionete, que foi logo se apresentando às crianças. Cantamos uma canção conhecida:

Eu vou contar uma história,
do palhacinho Zezé
Ele é muito engraçado
Quando mexe com o pé.

A canção continuava, sugerindo mudanças:

Palhaço Pimpão – mexia a mão.
Palhaço Zum-Zum – mexia o bumbum.

Fazíamos juntos a movimentação; pintamos o nariz de vermelho, a bochechinha de branco. As fitas de crepom enfeitaram os pescoços e em roda cantamos a canção, colocando o nome das crianças no palhacinho. (Registro de 9/9/97)

Outras "atividades" foram sendo desenvolvidas com as crianças, tendo por base o mesmo projeto, muito interessantes. As crianças gostaram bastante. O que acontecia nesses momentos, porém, era um certo direcionamento de tais atividades, uma vez que as crianças ficavam "centralizadas" ao meu redor. Uma indagação séria coloca-se no ar: reunir o grupo, centralizando-o ao meu redor, colocando-me como "professora", isto é, alguém que ensina para alguém que aprende, que determina começo, meio e fim de uma atividade, tem relação com a liberdade e a autonomia que as crianças pequenas estão buscando?

Não! E nessa negativa, uma constatação: com certeza a necessidade de uma nova configuração do espaço – "um espaço que dê espaço" – coloca-se como central nesse planejar para crianças pequenas. Espaço onde as interações, a linguagem e as brincadeiras pudessem acontecer por meio das múltiplas possibilidades que a intencionalidade da sua organização pode oferecer.

Ampliando a leitura do grupo, analisando meus registros, novo projeto foi vislumbrado, com o objetivo de oferecer esse espaço de conquista da autonomia.

Partindo dessa premissa, foram surgindo algumas ideias para criar novas configurações: 1) Falar menos... para ouvir as múltiplas linguagens que as crianças expressam, impulsionadas pelas possibilidades diversas, oferecidas pela nova organização do espaço; 2) Fazer um levantamento do material de que a instituição dispõe, para a execução do projeto; 3) Buscar bibliografia que me desse sustentação teórica para as ideias surgidas.

Essas ideias reafirmavam a necessidade da pesquisa para se realizar um projeto de trabalho.

"Criando... e recriando espaços" foi o título escolhido para o projeto de trabalho que elaborei para ser desenvolvido com os pequenos, o qual explicitava uma temática decorrente de minhas preocupações. O principal objetivo: experienciar formas de organização do espaço ocupado pelas crianças, de modo a oferecer-lhes maior possibilidade de autonomia, maiores oportunidades de interações significativas entre os pequenos, entre eles e as educadoras e a cultura circundante. Um espaço rico, convidativo à exploração, coerente com uma nova forma de ver a criança: sujeito ativo, capaz de criar, transformar, expressar conhecimento, sentimento, individualidade.

Qual a justificativa para tal projeto e consequentes objetivos?

No período de estágio em que fiquei observando o grupo, pude perceber como o espaço estava estruturado, revelando uma certa concepção educativa. Colchonetes, mesas, bancos, cesto de brinquedos colocados próximos às paredes, deixando um espaço central livre, onde ocorriam as atividades programadas pelas educadoras.

A preocupação dos adultos com a possibilidade de os pequenos se machucarem era constante. Eu mesma precisei fazer um esforço para me controlar e não dizer: "Cuidado! Desce! Você vai se machucar!" Essa preocupação, muitas vezes, acabava por limitar a ação das crianças, as quais ficavam dependendo das ações e do controle dos adultos. Percebi que as crianças faziam tentativas constantes de explorar o espaço: erguer-se nos pequenos móveis, colocar-se sob eles, abrir armários etc.

Carvalho e Rubiano (1994), ao se referirem à organização do espaço em instituições pré-escolares, citam David e Weinstein, que afirmam a necessidade de os ambientes construídos para crianças atenderem às seguintes funções relativas ao seu desenvolvimento: identidade pessoal, desenvolvimento de competência, oportunidade para crescimento, sensação de segurança e confiança, oportunidade para contato social e privacidade. Ao estruturar o espaço dos pequenos, no estágio, essas ideias estiveram presentes em minhas intenções e foram se concretizando à medida que as colocava em prática.

O projeto acontecendo: Criando espaços

O espaço da casinha; as tentativas de organizar zonas circunscritas[2] utilizando bancos, mesas, prateleiras de plástico colorido com gavetas para pino de encaixe; o balcão baixo de madeira formando uma divisória; os colchonetes; o painel com gravuras de animais conhecidos (cavalo, gato, pássaros, cachorro, leão, peixe etc.); o espelho com duas poltroninhas ou almofadas em frente, sobre o tapete (espaço de busca de identidade) – tudo isso permitiu gostosa movimentação pela sala. As crianças andavam de um lado para outro, ora em busca de um objeto, ora

2. Zonas circunscritas, segundo a denominação de Carvalho e Rubiano (1994), referem-se a um certo tipo de arranjo espacial que delimita claramente áreas no ambiente, em pelo menos três lados, por meio de barreiras (mobiliário, parede, desnível de solo etc.).

de outro; de quando em quando apontando os dedinhos para as gravuras, mostrando conhecer algo que ali se apresentava.

> (...) Organizei o espaço que havia planejado. As duas mesas transformaram-se em casinha e dois colchonetes deram a cobertura necessária. Banco com loucinha ao lado de uma pequena vassoura sugeria brincadeiras gostosas. Caixas com bonecas dentro e outra com roupas e cobertas para o bebê ficavam em frente ao espelho da sala; a prateleira com carrinhos, telefone, livros de histórias dizia que outras opções de brincar estavam disponíveis ali. As crianças chegaram, dirigiram-se direto para a casinha. Luiza pegou o carrinho, colocou o bebê sentado e saiu a passear. Monique preferiu as louças e sentou perto do banco para brincar. João Vítor foi telefonar. Ariel virou a caixa com bonecas e colocou-se dentro dela e eu aproveitei para brincar com ele, fazendo de conta que era um carro: "Tchau! Tchau! ... o papai vai trabalhar!" Outras crianças quiseram fazer o mesmo. (Registro do dia 25/9/87)

Em outra ocasião, coloquei sobre as mesas, no centro da sala, livros de histórias, revistas infantis e outras revistas e fiquei a observá-las. Algumas pegaram livros e foram se sentar sobre os colchonetes para folheá-los à sua maneira; outras manuseavam os livros na própria mesa; outras crianças preferiram buscar brincadeiras alternativas que o espaço lhes oferecia intencionalmente. Não é possível pretender que as crianças pequenas façam tudo ao mesmo tempo ou que todas façam a mesma coisa ao mesmo tempo.

Ficou evidente para mim que é preciso oferecer espaços com propostas diferenciadas, situações diversificadas, que ampliem as possibilidades de exploração e "pesquisa" infantis. As crianças realmente ampliam suas possibilidades de exercitar a autonomia, a liberdade, a iniciativa, a livre escolha, quando o espaço está adequadamente organizado. Percebi, também, que poderia ficar mais livre para atendê-las individualmente, conforme suas necessidades, para observá-las e conhecê-las melhor. Dessa forma, ainda, poderia me envolver com um pequeno grupo de crianças, propondo uma atividade específica, como na situação relatada anteriormente, quando me pus a brincar de carro com uma caixa de papelão com algumas crianças, enquanto outras se envolviam com diferentes objetos e lugares na sala.

É isso o que possibilita a delimitação de zonas circunscritas, embora eu tenha feito apenas tentativas de organizá-las no espaço da sala, de acordo com suas condições e o material disponível na instituição. De qualquer modo, fica evidente a importância de se prever os espaços e de organizá-los melhor, como parte do planejamento pedagógico. Carvalho e Rubiano (1994, p. 121), ao se referirem às zonas circunscritas, dizem que

> (...) fornecendo proteção ou privacidade, favorecem à criança focalizar sua atenção tanto na atividade que está sendo desenvolvida, bem como no comportamento do parceiro, requisitos essenciais para ocorrência de interações entre coetâneos, sobretudo com idade inferior a 3 anos.

Como educadora, pude perceber que meu papel poderia ser o de mediador entre o conhecido e o desconhecido. Não mais um centralizador, mas aquele que, coordenando situações e atividades, ouve as múltiplas linguagens que expressam pensamentos, sentimentos, conhecimentos. Alguém que brinca junto, sugere brincadeiras, dá significado às ações e experimentações das crianças. E observar, ouvir, perceber as expressões e linguagens que as crianças revelam não é tarefa fácil, não! É difícil porque, ao interpretar, ao dar significado,

> (...) o adulto, por ter seu comportamento mais orientado pelos aspectos simbólicos de sua cultura, trabalha com a criança, atribuindo àqueles gestos, posturas e palavras um valor representacional. Simples movimentos são tomados como gestos cheios de intenção... e ao fazê-lo insere a criança no mundo simbólico de sua cultura. (Oliveira 1992, pp. 40-41)

Nessa direção, para ampliar a reflexão, é interessante recorrer a um trecho de meus registros:

> Ao colocar a casinha de papelão[3] na sala, as crianças correram para tocá-la, entrando pela janela e pela porta. Ariel pegou o pequeno martelo de plástico e começou a bater no telhado, olhando-me com satisfação. Meu primeiro impulso foi de impedir, temendo que ele danificasse meu trabalho. Observando melhor, percebi que o menino apenas imitava seu pai, que costuma fazer reparos na casa onde mora. Seu olhar, talvez, apenas me perguntasse: "Está bom assim?" (Registro do dia 8/10/97)

Ver e ouvir, antes de falar, é um exercício difícil, porém necessário, que auxilia o adulto/educador na compreensão de seu papel na relação com crianças pequenas que têm contextos sociais e culturais diferentes, principalmente com crianças que ainda não dominam a comunicação pela fala.

Carla Rinaldi (1995) lembra que um grande verbo nesta relação é *escutar* e não transmitir, explicar, falar, como tem sido comum quando se trata de relações criança-adulto. Se nossa concepção de criança acredita em seu valor como sujeito, como "portadora de teorias, interpretações, perguntas e como coprotagonista do processo de construção do conhecimento", é preciso – é urgente – que aprendamos a escutá-la. Que aprendamos a ouvir as múltiplas linguagens que se expressam nos gestos, nos olhares, no toque, na escolha dos objetos, nas tentativas de comunicação verbal etc.; linguagem que o ouvido adulto precisa exercitar para escutá-la, considerando a história de cada uma das crianças.

... E lá estava eu, calando a "professora" e deixando que o silêncio educador ouvisse as múltiplas linguagens que ali se expressavam de forma graciosa, pessoal, individual, refletindo diferentes gostos, interes-

3. A casinha de papelão foi confeccionada por mim, com uma caixa de televisão bem grande. A tampa da caixa se fez telhado, pintado de vermelho. Duas aberturas laterais tornaram-se janelas. Uma porta dianteira permitiu a entrada das crianças. Cores e figuras embelezaram-na, atraindo ainda mais a atenção das crianças.

ses, conhecimentos, vivências, influências culturais e sociais diversas, que o espaço de liberdade, intencionalmente organizado, proporcionou. Espaço que "deu espaço" às necessidades de liberdade e movimentação das crianças. Espaço que abriu espaço para se repensar o planejamento para crianças pequenas, em instituições de educação infantil.

Bibliografia

ABRAMOWICZ, A. e WAJSKOP, G. *Creches: Atividades para crianças de zero a seis anos*. São Paulo: Moderna, 1995.

CARVALHO, M.I.C. e RUBIANO, M.R.B. "Organização do espaço em instituições pré-escolares". *In*: OLIVEIRA, Z. de M.R. de (org.). *Educação infantil: Muitos olhares*. São Paulo: Cortez, 1994, pp. 107-125.

OLIVEIRA, Z. de M.R. de *et alii*. *Creches: Criança, faz-de-conta & cia*. Petrópolis: Vozes, 1992.

RINALDI, C. Entrevista. *In*: *I Cento Linguaggi dei Bambini*. Bergamo: Edizioni Junior, 1995. (Tradução da entrevista, para uso didático, feita pela professora Luciana Esmeralda Ostetto).

THIAGO, L.M.S. *et alii*. "Três cabeças que não se entendem passam fome de tanto pensar... Reflexões sobre planejamento, registro e avaliação". Projeto de estágio (Pedagogia). CED/UFSC, 1997a.

________. "Três cabeças unidas dão muito o que pensar... e fazer". Relatório de estágio (Pedagogia). CED/UFSC, 1997b.

WARSCHAUER, C. *A roda e o registro*. Rio de Janeiro: Paz e Terra, 1993.

4
O MAPA DO TESOURO: ULTRAPASSANDO OBSTÁCULOS E SEGUINDO PISTAS NO COTIDIANO DA EDUCAÇÃO INFANTIL

Experiência de estágio
com crianças de
um a dois anos

Sara Duarte Souto-Maior

Cada vez que me lanço à aventura de observar e experimentar as dificuldades e as maravilhas do cotidiano com as crianças percebo-me educadora. Encontros e desencontros refletem esse movimento. Ao organizar a bagagem para ir em busca de tais preciosidades, preciso ter em mãos o mapa do tesouro. Preciso registrar minhas impressões no diário de bordo. Preciso avaliar as peças do tesouro e traçar novas rotas. Preciso estar em contato com outros aventureiros que já tenham percorrido esse caminho e também com aqueles que encontro pela estrada.

Neste artigo, pretendo falar um pouco da aventura que foi a experiência de estágio realizada no ano de 1997 com um grupo de oito meninas e meninos entre um e dois anos de idade e duas educadoras.

Mesmo já sendo educadora infantil há algum tempo e pensando saber o bastante, esse estágio constituiu para mim um desafio, momento de confrontar certezas e incertezas, teoria e prática, experimentando o papel de educador-pesquisador no dia a dia. Tarefa árdua...

Assim como eu, mais quatro estagiárias atuavam naquela instituição, ávidas por "colocar a mão na massa", ansiosas por aprender, transformar, ousar. Nosso projeto de estágio[1] para a instituição buscava refletir sobre os instrumentos de trabalho do educador infantil: planejamento, registro e avaliação, sua importância e interdependência.

Tendo sempre em mente os objetivos desse projeto de estágio, passei para o momento de coordenação do grupo de crianças, no qual, baseada em meus registros, pude fazer a leitura do grupo – essencial para a posterior elaboração de um projeto de trabalho.

Esses registros apareceram com uma "cara nova", diferente daqueles comentários que muitos educadores escrevem diariamente: "Hoje a aula foi muito boa, todos participaram. Apenas fulano bateu no cicrano no final da manhã. Não sei mais o que faço com ele!" No registro não apenas se descrevem os fatos, mas se reveem encaminhamentos, levantam-se hipóteses, enfim, reflete-se sobre a realidade! Aquela atividade que "não deu certo" tem uma função informativa para o educador, que pode, por meio do registro escrito, perceber as razões do "fracasso" de uma situação planejada.

No registro diário, o educador escreve sua própria história, sem cobranças. Nessa história, ele diz o que fez, o que viu que os outros fizeram, por que acha que determinadas coisas aconteceram (ou não), como estava organizado o espaço, que objetos utilizou... Quanto mais

1. Intitulado "Três cabeças que não se entendem passam fome de tanto pensar... Reflexões sobre planejamento, registro e avaliação", conforme a proposta explicitada no primeiro artigo deste volume, não focalizava uma sala isolada, mas a instituição como um todo e foi elaborado coletivamente pelo grupo de cinco estagiárias.

completo (em fatos, reflexão e análise) melhor, pois irá possibilitar a organização dos dados para fazer a avaliação das crianças, a elaboração do projeto de trabalho (planejamento) e do relatório do grupo. Para tanto, o registro tem que "revelar" as crianças, fornecer elementos que possam identificar aquele grupo.

Observar, anotar e refletir – isso tudo ajuda a compreender o que foi vivenciado para melhor avaliar e planejar o dia seguinte. É claro que às vezes o registro fica muito descritivo, ou quando o relemos notamos que não contemplou o que era mais relevante, ou ainda às vezes voltamos para casa tão frustrados que nem dá vontade de escrever sobre o que estamos sentindo. Mas ninguém nasce sabendo registrar, ninguém é infalível! Isso também é processo, é construção.

De todo modo, é preciso começar, experimentar, pois se aprende a registrar, registrando! Nesse começo, um roteiro pode bem nos ajudar. Durante o estágio, foi de grande utilidade o mapeamento de alguns aspectos para orientar os registros diários, como mostro em seguida:[2]

- Como foram a entrada e a saída? E os outros momentos da rotina (troca, higiene, lanche, sono)?
- Como foi a participação das crianças? Demonstraram interesse/entusiasmo? Em quê? Quais os momentos de maior concentração? Como as crianças se organizaram nos diversos momentos? Surgiram novas parcerias?
- Houve conflitos? Quem desencadeou? O que foi feito? Deu certo? Que hipóteses teria para isso?
- As situações e atividades propostas foram apropriadas às crianças e ao momento? Como foram apresentadas/introduzidas ao

2. Estes pontos foram baseados no "roteiro-sugestão para orientar os registros diários", elaborado pela professora Luciana E. Ostetto, orientadora de estágio do curso de Pedagogia (1996) e nas leituras de Abramowicz e Wajskop (1995) e Cavalcanti (1995).

grupo? O que foi positivo? O que ficou faltando, ou o que poderia ser encaminhado de outra forma?

- Onde foram realizadas as atividades? Houve mudança na disposição dos móveis? Como os materiais foram aí organizados e utilizados?
- Como as crianças reagiram à organização espacial proposta? Fizeram modificações? Interagiram? Ignoraram alguma proposta? Qual foi o espaço mais procurado?
- Que assuntos surgiram nas conversas e brincadeiras das crianças? É relevante incorporá-los no projeto de trabalho? Como poderiam ser "aproveitados"?
- A minha proposta favoreceu a autonomia e a iniciativa das crianças? Como?
- O que poderia ser trabalhado amanhã? Por quê?
- Como você se sentiu no dia: facilidade/dificuldade ao encaminhar as situações e atividades e ao coordenar o grupo de crianças? Dúvidas/insegurança em algum momento? Qual?

Mapear aspectos para observação é muito importante. Porém, tantos roteiros não devem tolher a liberdade de registrar do educador. Eles servem para desencadear o processo, dar ideias, "dar o pontapé inicial" para nossa capacidade criadora. Não existem modelos a serem seguidos. Tudo isso faz parte do processo de aprendizagem do registro, sobre o qual comenta Warschauer (1993) e que eu, como estagiária, tive a oportunidade de experimentar.

Mesmo já tendo incorporada a prática de registrar, percebi, por meio da análise desses roteiros e da leitura dos registros dos envolvidos no processo de estágio, que meus registros poderiam ter muito mais dados, mais completos e com mais reflexão. Eu elaborava os registros diariamente à noite, quando chegava em casa, antes de traçar o plano para o dia seguinte. Isso demorava bastante, pois à medida que eu escrevia ia lembrando de mais fatos, secundários (nem por isso menos importantes). Fazia isso de memória, pois não era possível fazer anotações ao longo da tarde.

Em alguns dias, não era possível deter-me por tanto tempo nessa tarefa, então eu fazia um "esboço" com os dados mais marcantes e impressões, a fim de aprofundá-los no dia seguinte. Quando isso acontecia, a tarefa de registrar ficava mais árdua, não apenas pelo acúmulo de registros a fazer, mas também pela dificuldade de "passar para o papel" as reflexões que já não eram mais tão recentes.

Apesar de cansativa, essa prática não era desagradável, pelo contrário. Era bom lembrar das coisas e escrevê-las. É interessante reler tais registros. Era instigante tentar lembrar da reação daquela criança, diante de determinado desafio.

Como num diário, o registro "fotografa" aquele momento, que pode ser útil, que pode ser "revisitado" quantas vezes for necessário ou servir apenas para lembrar, recordar momentos que passaram e que podem (ou não) ser repetidos...

No decorrer dessa experiência de registrar, surgiram muitos questionamentos – principalmente pela especificidade da faixa etária – sobre o que, quando e como organizar situações significativas. Dentre eles, posso destacar: o contato das crianças com livros e histórias e o uso do vídeo como recurso didático. E é sobre esses assuntos que vamos refletir nas próximas páginas...

Eles também gostam de histórias

A importância dos livros e das histórias é uma unanimidade. Todos concordam que o livro é fonte de conhecimento e, por esse motivo, a educação deve tratar de propiciar o contato das crianças com esse instrumento. Mas, e as crianças que não sabem ler? E as que não conseguem se concentrar por muito tempo? E aquelas que nem sabem folhear as páginas, colocam tudo o que veem na boca, e quase sempre rasgam os livros? Para essas, nada de livros?

É, nem sempre é fácil aceitar as "limitações" da faixa etária das crianças do nosso grupo. Elas poderiam ser maiores, poderiam saber ler (ou, pelo menos, realizar pseudoleituras...), poderiam ser mais "sossegadas", poderiam cuidar mais dos livros...

O que o educador muitas vezes não percebe é que não existe idade para se iniciar um trabalho com as histórias e os livros. Até os editores e as livrarias já perceberam isso, a julgar pela quantidade de livros de pano, de plástico e de papel resistente que têm sido comercializados nos últimos tempos... Além disso, se a instituição e o próprio educador não estiverem dispostos a restaurar os livros danificados e insistir no trabalho de conscientização das crianças, fica difícil acreditar que realmente existam compromisso e intencionalidade!

A leitura diária de histórias deve ter espaço garantido na rotina dos grupos, inclusive dos de crianças menores, pois é por meio dessa atividade que as crianças podem construir um repertório próprio de histórias em uma linguagem diferente da fala cotidiana. O contato com os mais variados materiais de leitura, num ambiente onde a criança possa manuseá-los livremente, pode levá-la a perceber os diferentes usos da língua escrita, antes mesmo de ser capaz de ler e escrever. Nesse sentido, o trabalho com a literatura pode facilitar o estabelecimento de relações mais sistemáticas com o mundo da escrita.

Pensando nesse trabalho com a literatura na educação infantil, Zen (1995, p. 55) propõe algumas ideias que poderiam auxiliar o educador:

- ler e estudar o livro antes de lê-lo para as crianças;
- selecionar uma grande variedade de histórias: curtas, compridas, "de antigamente", atuais, de fantasmas, lendas, de prosa ou poesia;
- ler contos de fadas que falem de medos, do amor, da dificuldade de ser criança, das carências, de autodescobertas, de perdas e buscas;
- usar diferentes modalidades e possibilidades da voz ao ler histórias;
- mostrar às crianças que o que ouviram está impresso num livro e que poderão voltar a ele se assim o desejarem.

É também fundamental que o educador perceba que a leitura de uma história ou a oferta de um livro que se transforma em um mero ritual didático não tem sentido. Se isso não for uma celebração, ou um passaporte para o encantamento, também para o educador, dificilmente o será para as crianças do grupo. Cabe a ele descobrir, junto com as crianças, novas formas de contar uma boa história, novos estilos e autores. Utilizar apenas o livro? Fantoches? Gravuras? Caixas de história? Pouco importa. É preciso, sim, oportunizar esse contato das crianças com os livros e as histórias. Independentemente da idade.

Nesse aspecto, procurei dar continuidade ao trabalho da educadora do grupo em que realizava o estágio, que já havia incorporado essa atividade no dia a dia das crianças. Não foram raros os momentos em que as vi correndo para sentar no tapete, em semicírculo, para ouvir uma história. Durante a narrativa, ela também se preocupava com a participação das crianças, perguntando: "Que bicho é esse? O que está fazendo? É, ele está brincando de bola... Quem mais gosta de brincar de bola? E agora? O que ele está bebendo? É uma coisa que o fulano gosta... É, é leite, que a Gabriela agora não toma mais na mamãe, né Gabriela?"

Outro ponto que julguei importante considerar foi em relação à escolha das histórias a serem lidas. Em alguns momentos de minha experiência, percebi que muitos educadores (inclusive eu) optam pelas histórias com pouco texto, que praticamente se limitam a descrever as ilustrações. E o pior, passam o ano inteiro lendo o mesmo tipo de história, como se os interesses e as necessidades das crianças não se modificassem ao longo do ano. Tudo bem, no início, a preocupação maior pode até ser com o tamanho e a resistência do livro e a quantidade de gravuras. Porém, as crianças podem, aos poucos, passar a compreender enredos mais elaborados, histórias mais longas e com mais personagens. O educador pode (e deve) experimentar, não subestimando a capacidade das crianças de compreender histórias mais complexas. Como "pistas" para perceber se as histórias são adequadas ou não, posso destacar os comentários, as perguntas, as hipóteses elaboradas pelas crianças a partir da história. Se as histórias "fazem pensar", estou no caminho certo!

Por esse motivo, depois de algumas conversas que tive com a educadora do grupo, resolvemos contemplar, em nossos planejamentos, a leitura de histórias de enredo mais elaborado. Isso porque, no primeiro semestre, na escolha das histórias contadas existia uma preocupação maior com o tamanho e a resistência do livro, com a qualidade das gravuras e com os temas de interesse das crianças. Pareceu-me, porém, que as crianças "pediam" enredos mais elaborados, histórias mais longas. E por que não?

No período de coordenação do grupo, foi isso o que procurei fazer. Ampliar o repertório de histórias das crianças, não subestimando sua capacidade de compreendê-las e explorar gravuras. Experimentar, ousar...

As primeiras histórias eram simples ("Bubi", "Quero casa com janela" e "Passeio de dona galinha"). Eu ainda estava no período de observação participativa, muito preocupada com a "tarefa a cumprir", e achei as crianças um pouco paradas durante a narrativa. Não tinha certeza se a história estava agradando, se era apropriada, e cheguei a pensar que não seria possível contar as histórias que estava planejando.

As rodas de histórias que se seguiram tornaram-se muito mais interessantes. As histórias mais longas, com mais personagens e enredo mais rico agradaram ao grupo, que não se contentava apenas com o "bis" (repetição da história). Como relatei no meu registro de 15/10/97: "No final da narrativa, novamente eles quiseram pegar o livro, 'recontar' a história e nomear personagens e gravuras, disputando o livro com os colegas."

"Galo maluco", "O retrato", "Gatinho trapalhão", "Os 3 ursos", "Um dia no parque" e muitas outras histórias foram contadas ao longo dos dias em que estivemos juntos. A alegria e a participação das crianças aumentavam a cada dia, e isso aparece em um dos registros: "A participação foi acima das expectativas. Os comentários, as perguntas, as hipóteses elaboradas pelas crianças foram 'pistas' perfeitas... Bingo!" (registro de 8/10). O grupo ficava tão concentrado que eram raras as situações de conflito nesses momentos.

E a poesia? Também não podia ser esquecida. É praticamente impossível não se apaixonar pelas obras de qualidade de José Paulo Paes, Cecília Meireles, Roseana Murray e Sérgio Caparelli, entre outros. Para motivar inclusive os menores, devemos sempre variar os recursos utilizados antes e durante a leitura das poesias, que vão dos fantoches e adivinhações até trechos de música. Os maiores não ficam atrás, gostam das poesias com muito humor e jogo de linguagem. E opções não faltam.

Durante o estágio, li a poesia "Chatice", de José Paulo Paes, para as crianças do grupo. Para tanto, primeiro fiz mistério quanto ao conteúdo de um saco azul de tecido, deixando que as crianças levantassem hipóteses. Depois, surgiu um fantoche de jacaré que mordia um sapato de verdade. Brincamos com o jacaré, que passou a "morder" o sapato de todos, provocando sustos e gritinhos de alegria. Por último, li a poesia:

Chatice

Jacaré,
larga do meu pé,
deixa de ser chato!

Se você tem fome,
então vê se come
só o meu sapato,

e larga do meu pé,
e volta pro seu mato,
jacaré!

Como era curta e de fácil compreensão, pude lê-la duas ou três vezes. Em seguida, realizamos uma outra atividade, e fiquei pensando se as crianças teriam curtido aquela leitura. A resposta veio no dia seguinte, quando o jacaré foi visto em algum lugar da sala: as crianças quiseram brincar com ele. E de quê? De "morder" o sapato dos colegas...

Também durante o estágio, percebi que as crianças não se contentavam apenas em "ver" ou "ouvir" as histórias contadas. Elas queriam mais. Queriam pegar os livros, apontar, mostrar a gravura que mais lhes chamara a atenção e "contar" para os colegas, utilizando frases próprias do contador de histórias como "era uma vez...".

Foi por isso que também me preocupei em garantir em alguns momentos que cada criança pudesse manusear um livro, sem pressa nem a excessiva cobrança pela conservação (sem deixar de falar sobre isso, é claro). Posso garantir que foi uma experiência muito positiva para todos. As crianças não apenas demonstraram interesse por esse contato com os livros (pelos comentários, pela concentração e por pequenas "brincadeiras" desencadeadas por elas), mas também demonstraram que não são tão "descuidadas" como muitos de nós pensamos. Também pude perceber que as crianças já conseguiam virar as páginas com um certo cuidado, nomear o que viam, "inventar" pequenas histórias para as gravuras e fazer comentários, além de ficarem atentas para o que os colegas diziam.

Nesse percurso, que é diferente com cada grupo, muitas vezes me surpreendia encantada ao ver as crianças cada vez mais interessadas, ouvindo as histórias, cantando, torcendo pelos personagens, imitando seus gestos e expressões faciais. Não podia haver coisa melhor. E aquela frase tão temida pelos adultos, que geralmente acompanha o final de uma boa história – "conta outra vez" –, é um pedido constante das crianças, que, numa segunda vez, já conhecendo o enredo e as personagens, podem antecipar as emoções, tornando-as mais ricas e duradouras. Não dá para recusar.

Imagens e crianças

Hoje em dia, é comum vermos, em instituições de educação infantil, salas equipadas com televisões, aparelhos de videocassete, um pequeno acervo de fitas (em sua maioria, clássicos da Disney), tapetes e/ou almofadas. Tudo isso por quê? Ora, as crianças gostam. E a instituição tem que acompanhar os avanços... Afinal, qualquer "aula" pode ser "enriquecida" com um bom vídeo...

Essa sala é, em geral, muito utilizada nos dias de chuva, quando os educadores disputam horários para levar seus grupos para assistir a filmes "maravilhosos". Tais filmes têm uma duração média de 90 minutos, o que é um tempo considerável para crianças pequenas. Em contrapartida, a mesma sala quase não é utilizada nos dias de sol. Por que será?

Essa fórmula de utilização do vídeo pode (e deve) ser questionada. Afinal, qual é o papel desse educador? Ele, muitas vezes, nem assistiu ao filme com antecedência, nem sequer planejou tal atividade. Descobre, no decorrer da história, que esta não é adequada para as crianças daquela faixa etária, ou que é pouco interessante. Ao final do filme, volta para a sala, e, no máximo, pede que as crianças desenhem o que viram. Será que essa pode ser considerada uma atividade educativa?

Durante o período de estágio, notei que, para atividades com utilização do vídeo, na instituição em que estagiava, existia a disponibilidade tanto de espaço quanto de acervo. A instituição contava com uma sala de vídeo que podia ser utilizada por todos os grupos, com hora marcada. Outro espaço que estava disponível era o anfiteatro, com uma televisão grande. Em relação ao acervo, a instituição tinha uma coleção de fitas do programa *Castelo Rá-Tim-Bum*,[3] além de outras. Todo mês também recebia uma pessoa do Departamento de Jornalismo da UFSC para "passar filminho" no anfiteatro, num telão. Nesse dia, os grupos reuniam-se para "ir ao cinema", às vezes com direito a pipoca e tudo o mais...

Refletindo sobre esse espaço e sobre esses recursos e possibilidades, pensei em experimentar o vídeo como um expediente diferente, que pudesse ampliar, ao mesmo tempo, os conhecimentos das crianças (para além do "ver filminho"), e que também fosse contemplado no projeto de trabalho. No projeto que orientou a minha coordenação, intitulado "Todo dia tem... E eu posso fazer" (que visava proporcionar situações em que as crianças pudessem exercitar autonomia e independência nas mais variadas ações realizadas no dia a dia, já que esse era um dos interesses mais marcantes nas crianças dessa faixa etária, que já tentavam fazer tudo sozinhas), previ dois momentos com atividades desse tipo. Tais atividades foram influenciadas e impulsionadas pela leitura da pesquisa da professora Maria Luiza Belloni "O impacto das técnicas de TV interativa nos processos educacionais" (1996) sobre o uso do vídeo. As

3. Série televisiva produzida pela TV Cultura de São Paulo.

turmas contempladas na referida pesquisa eram de crianças maiores (de quatro a seis anos), o que me levou a pensar sobre a possibilidade de realizar essa atividade também com as crianças menores.

Nessa pesquisa foram elaboradas e testadas estratégias inovadoras de utilização pedagógica de textos videográficos, muito curtos e tecnicamente sofisticados (blocos), que fazem parte do programa *Castelo Rá-Tim-Bum*. A TV, nessa pesquisa, foi utilizada com base em uma "metodologia" específica, com uma proposta muito diferente de outro uso de TV em geral praticado em casa pelas crianças ou na escola pelo grupo. A metodologia previa a elaboração de planos de aula, os quais seguiam uma mesma sistemática de aplicação, em que primeiramente é feita a apresentação do vídeo (motivação), para, em seguida, ser feito o visionamento, deixando as crianças à vontade para expressar suas percepções e trocar observações com os colegas. A pesquisadora pondera que o mesmo vídeo deve ser visto várias vezes, alternando com intervenções feitas pelo educador. As outras etapas (socialização e atividade prática) buscam a exploração e a reelaboração do que foi compreendido pelas crianças, de acordo com os objetivos traçados pelo educador.

Essa pesquisa questiona, portanto, o modo como a TV é utilizada nas instituições de educação infantil em geral, como mero entretenimento. Assim, esse uso tem objetivos em si mesmo com pouca ou nenhuma integração com os objetivos pedagógicos. Os programas em geral são muito longos, "as crianças assistem, se divertem e depois vão para casa, já que o filme ocupou todo o tempo de aula. Esta é a mesma utilização da TV que se faz em casa e sua atividade educativa é mínima, sendo portanto seu uso na escola desaconselhável na maioria dos casos" (Belloni 1996, p. 16).

Para os dois momentos da coordenação do grupo com o qual iria utilizar o vídeo, providenciei a edição de dois blocos do programa *Castelo Rá-Tim-Bum*: um deles era o "Lava-Mão" e o outro, "Ratinho tomando banho".[4] Os dois blocos e as músicas[5] são muito conhecidos pelas crianças, pelo que percebi, ouvindo algumas delas cantando a música do "Lava-Mão" durante momentos de higiene. Mais tarde tive a confirmação disso, pois na primeira vez em que coloquei a fita para que assistissem, as crianças tentavam cantar alguns trechos da música, balançando o corpo para os lados e até batendo palmas!

Nessa primeira experiência, com o clipe da música *Lavar as mãos*, de Arnaldo Antunes, eu não consegui organizar o espaço nem conduzir a atividade de forma adequada e satisfatória. Apesar disso, a atividade proposta em seguida (desenhar com carvão, sujando as mãos) foi muito interessante e pareceu agradar às crianças, que logo que perceberam como suas mãos estavam sujas, sugeriram que as lavássemos.

Aqui está a letra da música, cujo refrão é acompanhado com facilidade pelas crianças:

Uma lava outra, lava uma...
Depois de brincar no chão de areia a tarde inteira, antes de comer, beber, lamber, pegar na mamadeira
Lava uma (mão), lava outra (mão)...
A doença vai embora junto com a sujeira: verme, bactéria, mando embora embaixo da torneira
Água uma, água outra...
Na segunda, terça, quarta, quinta e sexta-feira,
Na beira da pia, tanque, bica, bacia, banheira
Lava uma mão, mão, mão...
Água uma mão, lava outra mão...

---

4. A edição foi realizada pelo pessoal do Lantec/CED (Laboratório de Novas Tecnologias, do Centro de Ciências da Educação da UFSC), a quem agradeço.
5. As músicas do programa podem ser encontradas no CD *Castelo Rá-Tim-Bum*, produzido pela Velas Produções Artísticas e Comércio Ltda., 1995.

Na segunda atividade, tudo deu certo. Organizei a sala de vídeo com antecedência e conduzi a atividade de outra forma. Depois de assistirmos ao vídeo, as crianças "deram banho" nas bonecas e nos bichos de pelúcia da sala, utilizando bacias, pedaços de tecido (que, para elas, eram toalhas) e embalagens vazias de produtos de higiene. A ideia original era darmos esses "banhos" lá fora, no parque, utilizando água e sabonete de verdade, mas infelizmente não foi possível por causa do tempo.

A música *Ratinho tomando banho*, de Hélio Ziskind, que aparece nesse vídeo também é muito interessante, como podemos perceber pela letra:

> *Tchau, preguiça, tchau, sujeira, adeus cheirinho de suor...*
> *Lava, lava, lava (2x) uma orelha, uma orelha, outra orelha, outra orelha.*
> *Lava, lava, lava, lava, lava testa, bochecha,*
> *lava o queixo, lava a coxa, e lava até... meu pé, meu querido pé, que me aguenta o dia inteiro.*
> *E o meu nariz, meu pescoço, meu tórax,*
> *o meu bumbum, e também o fazedor de xixi.*
> *Lá, lá...*
> *Humm... ainda não acabou não, vem cá, vem.*
> *Uma enxugadinha aqui, uma coçadinha ali, faz a volta e põe a roupa de paxá! Há!*
> *Banho é bom, banho é bom, banho é muito bom! Agora acabou!*

Aprendi muito com os dois momentos, pois pude perceber que providências devem ser tomadas antes da atividade propriamente dita, o que as crianças curtem (ou não) e como a atividade deve ser conduzida, pois algumas coisas deram certo e outras não. Organizar a disposição das almofadas (ou outro lugar onde as crianças irão sentar), deixar tudo o que será utilizado "à mão" e verificar o vídeo são algumas das providências que nunca se deve deixar de tomar.

A escolha do texto videográfico a ser utilizado também merece uma atenção especial. Os que têm impacto sonoro (como os clipes) geralmente chamam a atenção de crianças de qualquer faixa etária, inclusive as menores. Nas histórias, o cenário, o enredo e os personagens (animais ou crianças) também são importantes, porém devem ser levados em conta o conteúdo da mensagem, o tom de voz e a velocidade na emissão das palavras dos personagens. E, é claro, deve-se escolher o texto videográfico de acordo com o interesse das crianças e com o projeto de trabalho em andamento.

A reflexão sobre a primeira experiência (que julguei inadequada, em seu encaminhamento) foi muito importante, pois foi a partir dela que pude melhorar alguns aspectos e prever algumas coisas que poderiam ter dado errado na experiência seguinte. E, pelos resultados encontrados, penso ser viável a utilização do vídeo com as crianças menores que, afinal, já têm contato com essa linguagem no dia a dia. Também a proposta de utilizar blocos de programas infantis, curtos, editados várias vezes, em sequência, é muito interessante e prática. A partir da reflexão sobre essa experiência, é recomendável que nós, educadores, deixemos de lado a velha fórmula de utilização do vídeo: em dias de chuva, fazendo as crianças assistirem a filmes inteiros ou a partes deles, apenas para "passar tempo", sem qualquer objetivo.

Paralelas a essas atividades, ocorreram uma reorganização do ambiente da sala (tornando-o mais adequado às tentativas de independência das crianças) e a introdução de alguns "móveis":[6] chuveiro, pia, trocador e banheira da boneca, e um lugar especial para o "troninho", que passou a ser utilizado por algumas crianças que já ousavam ficar sem fraldas e outras que se habituavam com a ideia de utilizá-lo, pondo seus bonecos e bichos para "fazer xixi". A utilização desses móveis (prevista no projeto) tinha como objetivo desencadear/proporcionar brincadeiras relacionadas à maternagem (como trocar fraldas e dar banho em bonecas

6. Esses móveis foram "construídos" por meio da técnica de papietagem, que consiste em reforço de papel e grude aplicado em caixas de papelão e outras sucatas.

e bichos) e de descoberta do corpo (como tomar banho de chuveiro "sozinho", lavar as mãos na pia e utilizar o "troninho"). Essas brincadeiras invadiram outros espaços, como o parque e o solário, e contagiaram as crianças de outros grupos. Foram momentos muito especiais, de descobertas e alegrias (também para mim!).

O mapa do tesouro leva-nos, enfim, ao lugar "certo"?

O que posso dizer? Que, na maioria das vezes, esse mapa dá uma noção do caminho, mas que nem sempre ele nos leva até lá. E o que podemos considerar "o caminho certo"? Estamos em busca do previsível ou da aventura? Do caminho asfaltado que nos leva à praia de sempre ou da trilha que revela uma linda cachoeira, sem nome, mas infinitamente mais interessante e misteriosa?

Ao registrar minhas impressões sobre as crianças, aprendi a "ouvi-las". Registrando minhas ideias sobre como ofertar livros para elas, refleti sobre minha própria história de leitora e de educadora, sobre minhas ações nesse sentido. Escrevendo sobre o uso do vídeo, percebi minhas limitações e experimentando esse recurso nem sempre acertei... mas me senti mais forte, mais ousada e... muito mais educadora.

Quer dizer, encontrar o "mapa do tesouro" é apenas o começo. Existem obstáculos a serem vencidos, pistas a serem seguidas. A pista pode indicar: "Dê dois passos para a direita, e na direção do rio encontrarás uma mensagem embaixo da pedra". E eu pergunto: será que o meu passo é do tamanho do seu? A pedra de que fala o mapa ainda estará lá? É a mesma que você viu? Tantas variáveis. Inúmeras possibilidades.

Assim que descoberto, o baú de tesouros se revela do tamanho da nossa ousadia: grande ou pequeno. A quantidade de relíquias também varia, e muitas delas têm valores diferentes para cada pessoa.

As preciosidades que encontrei na minha aventura com as crianças, no estágio, já revelei a vocês. Podem ser úteis ou não, e até pode ser que você já as possua. Que cada um de nós possa pegar o seu mapa e sair à procura de tesouros, e que estes, assim que descobertos, não permaneçam trancados no baú, por medo de que percam o brilho. Afinal, quem foi que disse que essas coisas "gastam" com o uso?

Não dá para esperar. Ninguém vai aparecer e nos dizer o que e como fazer. O educador deve apenas começar, sair do seu projeto seguro e persistir na realização das muitas atividades, que são parte integradora de sua profissão, dentre as quais, a prática do registro. De que outra forma poderemos sentir o que é positivo no nosso fazer cotidiano e se as atividades que imaginamos ser significativas para aquele grupo realmente colaboraram com o alcance dos objetivos previamente traçados?

Converse sobre suas conquistas. Reflita sobre suas dificuldades. Procure caminhos diferentes. Descubra atalhos. Dialogue com os autores. Faça das crianças de seu grupo suas companheiras de jornada. Só assim estaremos no caminho, em busca de uma educação de qualidade, comprometida com a criança.

Bibliografia

ABRAMOWICZ, Anete e WAJSKOP, Gisela. *Creches: Atividades para crianças de zero a seis anos*. São Paulo: Moderna, 1995.

ANGOTTI, Maristela. "Semeando o trabalho docente". *In*: OLIVEIRA, Zilma M.R. de (org.). *Educação infantil: Muitos olhares*. São Paulo: Cortez, 1994.

BARCELLOS, Gládis M.F. e NEVES, Iara C.B. *Hora do conto: Da fantasia ao prazer de ler*. Porto Alegre: Sagra-DC Luzzato, 1995.

BELLONI, Maria Luiza (coord.). "O impacto das técnicas de TV interativa nos processos educacionais". OPM/Lantec/CED/UFSC, 1996. (Relatório parcial de pesquisa).

CARVALHO, Lídia Izecson de. "Literatura infantil e pré-escola: Caminhos possíveis". *Idéias* (7). 1990, pp. 107-110.

CARVALHO, Mara I. Campos de e RUBIANO, Márcia R. Bonagamba. "Organização do espaço em instituições pré-escolares". *In*: OLIVEIRA, Zilma M.R. de (org.). *Educação infantil: Muitos olhares*. São Paulo: Cortez, 1994.

CAVALCANTI, Zélia. *A história de uma classe: Alunos de 4 a 5 anos*. Porto Alegre: Artes Médicas, 1995.

OLIVEIRA, Zilma M.R. de (org.). *Creches: Crianças, faz-de-conta & cia*. 2ª ed. Rio de Janeiro: Vozes, 1993.

PAES, José Paulo. *Olha o bicho*. 2ª ed. São Paulo: Ática, 1991.

SORRENTI, Neusa. "A hora e a vez da literatura infantil". *Presença Pedagógica*. Maio/junho 1995, pp. 20-27.

SOUTO-MAIOR, S.D. *et al*. "Literatura na educação infantil". Florianópolis, 1996. Análise de textos (mimeo.).

________. "Três cabeças que não se entendem passam fome de tanto pensar... Reflexões sobre planejamento, registro e avaliação". Florianópolis, 1997a. Projeto de estágio (Pedagogia) – Departamento de Metodologia de Ensino, CED, Universidade Federal de Santa Catarina.

________. "Relato de uma aventura: Mapas, diário de bordo e tesouros organizando e transformando o trabalho do educador infantil". Florianópolis, 1997b. Relatório de estágio (Pedagogia) – Departamento de Metodologia de Ensino, CED, Universidade Federal de Santa Catarina.

WARSCHAVER, Cecília. *A roda e o registro*. Rio de Janeiro: Paz e Terra, 1993.

ZEN, Maria Isabel H. Dalla. "Mania de ler... Mania de aprender..." *In*: RODRIGUES, Maria Bernadete C. e AMODEO, Maria Celina B. (coords.). *O espaço pedagógico na pré-escola*. Porto Alegre: Mediação, 1995.

5

POR ENCANTO, CONTANDO CONTOS...
HISTÓRIAS DE UM PROJETO DE TRABALHO

Experiência de estágio com
crianças de um ano e nove
meses a dois anos e três meses

Alessandra Barbosa Magdaleno

A história começa assim

Certa vez, nos idos de 1997, em um lugar chamado NDI,[1] uma jovem educadora encontrou-se com nove lindas crianças. Foi lá para cumprir seus desígnios, de educadora em formação, passando por uma espécie de ritual de iniciação: o estágio final do curso de Pedagogia (habilitação educação pré-escolar).

1. O NDI (Núcleo de Desenvolvimento Infantil) é uma instituição de educação infantil, vinculada ao Centro de Ciências da Educação da Universidade Federal de Santa Catarina. Localizado no campus universitário atende, em período parcial, crianças na faixa etária dos três meses aos seis anos, filhas de estudantes, técnicos e professores da UFSC.

Para a jovem iniciante, era como se estivesse no meio de uma floresta (a floresta educacional), a qual teria que desbravar. Então, mesmo sabendo dos perigos, encheu-se de coragem e prosseguiu. Antes, porém, traçou o caminho a ser percorrido.

Para planejar um percurso na floresta, ela já havia aprendido: é preciso ter a cautela dos índios, saber observar e ouvir a natureza, para agir de maneira correta e firme, sem causar desmatamentos e garantir o equilíbrio do ecossistema. Sabendo disso tudo, a jovem tomou suas precauções: fez o planejamento com as crianças e todo dia foi registrando o vivido no seu "diário de campo".

Pensam que foi fácil? Não foi, não! Às vezes, no meio do caminho, ela encontrava areia movediça, armadilhas do desânimo. Mas, nesses momentos, seres encantados, os gnomos, as bruxas e as crianças, ajudavam a salvar nossa insegura aprendiz.

Fazendo seu caminho, foi percebendo que na travessia da floresta (no cotidiano educativo) as pessoas sofrem com as intempéries da curiosidade, da dúvida, da fantasia, do medo. Mas que, também, lá é possível viver grandes aventuras, com todos os prazeres e riscos.

Então, assumido o risco, completou seu ritual de iniciação: completou seu estágio, vivendo com as crianças uma bonita aventura. Ainda bem que ela tinha um "diário de campo". Assim, agora pode ser contado um pouquinho das histórias compartilhadas ao longo da travessia. São histórias com as crianças, com o ato de planejar e a arte de contar contos.

Vamos acompanhar, a seguir, a continuação dessa história.

As crianças no cotidiano: Companheiras de viagem

As nove crianças, às quais acompanhei na viagem empreendida, faziam parte do chamado "grupo 4"[2] e tinham idade entre um ano e nove

2. No NDI as turmas, denominadas grupos, são divididas por faixa etária. São oito os grupos existentes, começando com o Grupo 1, dos menores, até chegar aos maiores, o Grupo 8.

meses e dois anos e três meses, sendo quatro meninas e cinco meninos. Esse grupo era coordenado por duas educadoras, sendo uma professora e uma auxiliar.

O meu primeiro contato com a turma, confesso que estava um pouco ansiosa, tendo sempre em mente que eu deveria ser cautelosa para que as crianças não me tivessem como uma intrusa, mas como alguém que queria ser do grupo; da mesma forma com relação às educadoras. Algumas crianças estranharam minha presença, esboçaram um chorinho e foram se refugiar no colo de suas companheiras educadoras. Mas houve quem tentou aproximação, "se chegando" de mansinho e assim dei colo e recebi ao mesmo tempo. Isso foi muito bom.

O desenrolar da experiência com o grupo foi gostoso, por eu me sentir mais à vontade e mais envolvida. Fui construindo uma relação de troca com as crianças, aprendendo com elas, brincando com elas. Fui me tornando parte do grupo e, à medida que participava de seu cotidiano, descobria as crianças em movimento.

Entre as situações vivenciadas com o grupo, lembro bem do prazer das crianças em brincar com modelagem, com grude e com areia. Exploravam os espaços, especialmente o parque, com alegria e satisfação. Quanta energia!

Sobre o parque, posso dizer que era realmente um lugar muito especial para as crianças e muito rico em possibilidades. Lá, pelas próprias características do espaço, geralmente as crianças não faziam todas as mesmas coisas. Brincavam em pequenos grupos, trocavam parcerias, ora na caixa de areia, ora na casinha, ora nos brinquedos estruturados.

O faz de conta era, evidentemente, o motor das brincadeiras. Bruxas, lobos, fadas, palhaços habitavam o cotidiano das crianças. Feitiços, magias e "contatos imediatos" podiam mobilizá-las a qualquer hora.

E as histórias? Adoravam ouvi-las. Suspense e fantasia são ingredientes imprescindíveis para o trabalho com esse grupo.

Na dinâmica do dia a dia, no início, o grupo não era tão grupo. Quer dizer, as crianças se percebiam como da mesma turma, conheciam-se pelo nome, sentiam falta de quem não estava presente, mas era muito comum haver "grupinhos" – algumas crianças estavam sempre juntas. Da mesma forma, outras crianças não "brigavam" pelo seu espaço, não se expressavam claramente e não tomavam iniciativa. Porém, com a ajuda das educadoras, minha e das próprias crianças, isso foi mudando com o tempo. Novas parcerias foram sendo feitas, as crianças que quase não se colocavam passaram a se expressar mais, e o "grupinho" foi ficando "grupão".

Cotidianamente, havia momentos de reuniões espontâneas, em que o grupo se organizava sozinho para brincar, para conversar sobre algo, e até para resolver os conflitos sem solicitar de imediato a educadora. Penso que isso reflete o amadurecimento do grupo, e o trabalho que as educadoras vinham fazendo, e que tentei seguir, proporcionando a independência das crianças exercitando sua liberdade.

Aliás, é interessante observar como a intervenção do educador muitas vezes pode ser dispensável. Ou melhor, o educador não precisa ser o centro da atenção das crianças, ele não precisa ser o único a sugerir. Se o ambiente está organizado para possibilitar brincadeiras e situações diversas, as crianças ganham liberdade para escolher, demonstrar preferências e assim construir sua identidade com autonomia. Para tanto, é fundamental planejar o cotidiano, prevendo a organização do espaço e a realização de propostas que envolvam situações significativas para o grupo.

Onde está o mapa? Hora de planejar

Para atravessar a floresta, como disse anteriormente, é necessário um guia, um mapa, um plano. É preciso cuidado! De onde partir? Por onde passar? Para onde ir? Com quem? Levando o quê?

Em nossa experiência de estágio o planejamento assumiu uma perspectiva diferente da que comumente conhecíamos. A proposta era ousar, buscar, arriscar, pesquisar a prática de planejar o cotidiano por meio de "projetos de trabalho". Era um verdadeiro desafio! As crianças eram pequenas... mas seguimos em frente, observando-as e procurando alternativas.

Pensar a prática tendo por base um projeto de trabalho foi muito interessante e significativo, desde a elaboração até a execução com as crianças. Por quê? Como um projeto se baseia em situações e assuntos significativos para a criança, não há como ser construído *a priori*, sem primeiro conhecer o grupo de crianças com o qual vamos trabalhar. Esse é um dado muito importante que já o diferencia das outras formas de planejar para zero a seis anos, como por áreas de conhecimento, por listagem de atividades, datas comemorativas, entre outros.

Para elaborar um projeto de trabalho é preciso realmente conhecer o grupo de crianças e para isso é necessário estabelecer uma escuta e uma observação atentas, a fim de fazer uma interlocução com o que as crianças nos dizem e nos mostram no cotidiano do grupo. Esse olhar a criança é realmente o ponto de partida, pois só assim podemos traçar objetivos claros respeitando não só sua faixa etária como também o que lhe é significativo e o que é importante para sua interação com o mundo.

Estou "chovendo no molhado"? Você já sabia disso?

Eu também pensava que sabia, e teoricamente penso que sabia mesmo, afinal discuti tanto sobre isso em aula ou em reuniões com outros educadores, que me parecia claro, se não óbvio. Mas o entendimento teórico não legitima a prática (ainda bem!) e é na prática que precisamos exercitar essas habilidades e sensibilidades (de ver e ouvir as crianças) a fim de incorporá-las às atitudes.

Foi isso que vivenciei com o "grupo 4". Era preciso estar alerta e aberta ao que era dito por meio de palavras ou ações das crianças. Foi preciso interpretar, refletir, criar hipóteses, na busca da interlocução, do diálogo verbal, afetivo e sensorial. Por meio dos registros do cotidiano do grupo, esse exercício foi mais bem viabilizado.

Segundo Madalena Freire Weffort (1995, p. 13), "só podemos olhar o outro e sua história se temos conosco mesmo uma abertura de aprendiz que se observa, se estuda, em sua própria história. (...) Na ação de se perguntar sobre o que vemos é que rompemos com as insuficiências".

Assim, como aprendiz, é que no decorrer do estágio, fui superando o medo de errar, de ousar, de experimentar. Foi dessa forma que consegui viver com o "grupo 4" momentos especiais, incluindo os momentos de maior dificuldade, pois considero que também aprendi muito com eles.

Percebi a seriedade do planejamento. Ele tem que ser pensado nos mínimos detalhes, checado, organizado para que tudo que pretendemos fazer tenha realmente condições de acontecer. Se não for assim, ocorre o improviso, que, além de não garantir uma atividade significativa, estressa o educador e às vezes até o grupo. Acredito que a maneira de planejar que experienciamos é uma boa proposta, pois, se bem feita, com compromisso e seriedade, poderá contribuir para o educador ter clareza e segurança dos objetivos a serem alcançados. Dessa forma poderá desfrutar mais das situações e atividades, participando, interagindo, ou "apenas" observando e fazendo "aquela" escuta atenta que mencionei.

Qual o momento certo para começar a experimentar essa proposta de planejamento? Hoje, agora, amanhã! É preciso urgência em ousar; é preciso permitir-se acertar e errar... É necessário tentar!

E assim, nasceu a ideia do projeto

Pelas observações feitas no início do estágio pude perceber como as crianças brincavam, fantasiando-se, assumindo papéis; brincavam de correr do lobo, de fazer comida de mentirinha... E como adoravam ouvir histórias!

Com base em tais observações, elaborei um projeto de trabalho tentando contemplar o que eu "lia" de desejos e necessidades no grupo. Para orientar minhas ações entre as crianças, criei o projeto "Por encanto, contando contos...", que reproduzo a seguir, a fim de dar visibilidade ao processo, à forma e ao conteúdo do mesmo. Nele são considerados os seguintes itens: nome que o identifique, justificativa sobre como surgiu o projeto, objetivos a longo prazo, situações significativas, fontes de consulta, recursos e tempo previsto para seu desenvolvimento.

1. *Nome*: "Por encanto, contando contos".

2. *Justificativa*: Observando e brincando com o grupo 4 vespertino, pude perceber como as crianças demonstram gostar de ouvir histórias e entrar em um clima de fantasia e suspense. No relato a seguir, um exemplo desses momentos:

> Estávamos brincando ao lado do parque quando a professora chamou a atenção das crianças para a cabana que há no parque. Todos correram para lá, e entraram nela; a educadora pergunta às crianças se mora alguém ali. Virgínia responde que mora a bruxa. E vai fazendo outras perguntas até que eu, por sugestão dela, dou uma risada de bruxa, e dou um "oi" para eles. Foi uma euforia, riram, saíram da barraca para procurá-la. E logo a professora fala que a bruxa estava triste porque perdeu a vassoura, convidando a todos para procurar pelo parque. Sem que eles se dessem conta ela sumiu para providenciar uma vassoura. Nós ficamos procurando, subimos no parque pra ver se estava ali em cima, e brincaram no escorrega, alguns subiram a escada feita de corda, a Priscila é que demonstrou medo de descer no escorrega de pano. De repente a professora e a auxiliar gritam que viram a vassoura por ali (ao lado da biblioteca). A professora construiu uma vassoura com um galho de árvore, papel laminado azul e pêlos de lã. Eu achei uma excelente idéia, muito criativa! Enquanto eles procuravam eu dei outras risadas, e Virgínia saiu "voando" com a vassoura e os outros correndo atrás, Rafael e o

> Lucas também a usaram. Logo foram todos para a cabana de novo e combinaram de colocar a vassoura atrás da cabana pra saber se a bruxa viria buscá-la. Entraram todos para a cabana e começaram a chamar a bruxa: "Bruxa! Vem pegar tua vassoura! Bruxxaaaaa!" Nisso eu dei outra risada e com voz de bruxa, falei: "Oba! Minha vassoura! Obrigada crianças!" Mal deu tempo para esconder a vassoura dentro da minha camiseta e eles já estavam ali fora, e quase todos disseram que viram ela voando com a vassoura. Foi muito divertido! (Registro do dia 8/9/97)

Convivendo com as crianças, é fácil perceber como elas têm se esforçado em usar a oralidade para antecipar sua ação ou para falar dos seus sentimentos, mesmo que às vezes seu colega não consiga parar para ouvir. Dessa forma pensei nesse projeto, pois por meio de histórias as crianças ampliam e enriquecem o seu mundo mágico, aprendem a lidar com determinadas situações, além de ampliar seu repertório verbal.

Segundo Wajskop (1995), é preciso ampliar o repertório da brincadeira. O desenho e a história também são lugar de brincadeira, pois por meio do enredo e dos personagens, a criança pode fantasiar e imaginar ser ela na história e/ou desenho, brincar de ser, e isso é central para o desenvolvimento do pensamento.

3. *Objetivos*: Proporcionar momentos gostosos, em que todos desfrutem do prazer de ouvir histórias. Fornecer informações e enredos, buscando ampliar o mundo mágico das crianças alimentando suas brincadeiras e instigando a curiosidade. Por meio da história, fornecer subsídios para que a criança possa enriquecer o seu vocabulário e a sua capacidade de argumentação, passando a expressar suas ideias de forma mais elaborada. Assegurar o momento da roda diariamente como elemento da rotina. Encorajar as crianças a falar o que desejam, exercitando o diálogo, isto é, a capacidade de escutar os colegas e esperar a vez de falar, e ser ouvido. Por intermédio das brincadeiras, perceber quais os repertórios que as crianças possuem, quais preferem, e se assumem papéis (que papéis e em que situação).

4. *Levantamento de situações significativas/assuntos/atividades*: Falar do cuidado com o livro. Vivenciar com as crianças o momento da história, criando um momento mágico. Chamar o grupo para fazer uma roda e anunciar (fazendo suspense) que vou contar uma história, perguntar se alguém imagina qual é, o que será que tem nessa história, dar pistas de onde se passa, qual personagem que faz parte dela e assim por diante. Introduzir no grupo um personagem fantástico, que poderá ser uma bruxa, por meio do teatro de fantoche. Contar histórias usando recursos como: teatro, livro, fantoche, flanelógrafo, caixas de histórias. Contar história em diferentes lugares, como na biblioteca, na casinha do parque, na cabana, ou debaixo de uma árvore. Deixar à disposição fantasias, para que as crianças componham seus personagens, experimentando diferentes adereços. Organizar momentos com fantoches propiciando que as crianças criem suas histórias, manipulando-os. Folhear revistas, nomeando as gravuras de que mais gosta, podendo recortá-las. Observar o que mais chama a atenção de cada criança para pensar nos seus símbolos. Organizar o espaço criando cantos circunscritos para as crianças optarem livremente com que querem brincar. Os cantos serão os seguintes:

- da casinha, utilizando os materiais confeccionados como o fogão e a pia, além dos utensílios próprios para essa atividade e das bonecas;
- do supermercado, com sucatas;
- do salão de beleza, com pentes, maquiagens, colares e bolsas;
- da garagem, com carrinhos e brinquedos de construção para fazer a garagem;
- da história, onde será feita a roda.

Explorar a expressão corporal, com música, com colchonetes, balões... Desenhar e pintar com carvão, com giz de cera, com giz para quadro-negro, com canetinha, com grude, com cola colorida ou outro recurso. Desenhar em diferentes superfícies como o papel kraft, sobre o plástico, sobre a lixa, entre outros. No solário, receber as crianças com personagens do boi de mamão. Fazer papietagem em caixinhas de gelatina para confeccionar fantoche da bernunça. Fazer atividades de lambuzo com o grude. Tingir a areia com anilina para fazer construções. Confeccionar a massa de modelagem, com farinha de trigo, água e anilina. Reproduzir a história com as crianças, montando um painel, questionando sobre seus personagens ou as músicas preferidas; suas características, suas vestes, o local onde moram, do que gostam... o painel pode ser com recortes, desenhos ou pinturas das crianças.

5. *Fontes de consulta*:

a) Literatura Infantil: "Coleção Gato e Rato"; "O papagaio de Bebeto"; "Florisbela, a galinha amarela"; "Um montão de amigos"; "Chapeuzinho vermelho"; "Os três porquinhos"; "A galinha ruiva"; "Cachinhos de ouro".
b) OLIVEIRA, Zilma Moraes Ramos de (org.). *Educação infantil: Muitos olhares*. 3ª ed. São Paulo: Cortez, 1996.
c) Vídeo da creche da Carochinha - Ribeirão Preto - São Paulo.
d) ZILBERMAN, Regina. *A literatura infantil na escola*. 5ª ed. São Paulo: Global, 1985.
e) ABRAMOWICZ, A. e WAJSKOP, G. *Creches. Atividades para crianças de zero a seis anos*. São Paulo: Moderna, 1995.

6. *Recursos*: Água; anilina/aparelho de som; arco/bolas; caixas de histórias; caixas de papelão; cola/fantoches; fantasias; giz de cera/carvão/caneta hidrocor; livros de literatura infantil e de contos de fadas; papel kraft, sulfite, celofane, reciclado; sucata/sal; tinta/tesouras/trigo.

7. *Tempo previsto*: Duas semanas. (Magdaleno 1997, pp. 12-17)

É importante destacar que o projeto aqui descrito representou um ensaio, um exercício de se pensar e fazer um planejamento articulado com as necessidades e os desejos do grupo. Em termos de viabilidade, o projeto dá um bom norte para nossa ação: é uma fonte de consulta, que no dia a dia se completa com os registros da prática. O projeto de trabalho como planejamento permite ao educador uma visão ampla de seus objetivos e uma direção coerente a ser seguida.

Conta outra vez!

A experiência com o projeto levou-me a aprofundar a reflexão sobre seu tema e a ampliar minha compreensão sobre a importância de contar histórias para as crianças.

Desde os tempos mais remotos o ato de contar histórias já fazia parte da vida das pessoas. Nas histórias, muitas informações a respeito da cultura eram transmitidas por meio de contos, parábolas, parlendas, pois dessa forma criava-se um ritual em que a história envolvia os ouvintes que se deliciavam com a sonoridade das rimas, com o suspense e com o clima de curiosidade que o conto criava.

Em cada história um personagem, fantástico ou não, que nas suas aventuras experimentava sentimentos comuns, como a coragem, o medo, a raiva, a alegria, a insegurança, a tranquilidade e tantos outros mais.

Essas características das histórias persistem até os dias de hoje. Mas, já passado tanto tempo, o que mudou com relação à história? Mudaram algumas coisas, já existem até histórias em CD-ROM, por exemplo; outra coisa que mudou é o tempo que as pessoas dispensam para contar histórias às crianças – arrisco-me a afirmar que são poucos os adultos que ainda fazem isso, pois a maioria, quando tem um tempinho, senta diante da tv e acaba conversando muito pouco com as crianças. Não quero parecer "antimodernidade", mas não podemos nos dizer tão modernos a ponto de abandonar o "simples" hábito de desfrutar do prazer de contar, ler ou ouvir histórias. Até porque, uma coisa é certa: o gosto das crianças pelas histórias continua firme!

Então, com esse panorama do espaço das histórias nesta atual "vida corrida", é que nós, educadores de crianças de zero a seis anos, temos o dever de garantir seu direito de usufruir dos prazeres que essas histórias proporcionam. Para que isso aconteça é preciso primeiro criarmos o hábito e o gosto pela leitura, para só então proporcionarmos momentos em que a leitura valha por ela mesma por tudo o que ela proporciona, sem "didatizá-la".

O que é "didatizar"? É fazer da história um pretexto para outras atividades como desenhar, escrever, fixar conteúdos... É contar história para fazer algo a partir dela, e não para proporcionar um momento rico, de prazer, que ela própria proporciona.

Segundo Bettelhein (1980), para que uma história realmente prenda a atenção da criança, essa história deve de fato entretê-la e despertar sua curiosidade. Mas, para enriquecer sua vida, deve estimular-lhe a imaginação: ajudá-la a desenvolver seu intelecto e a tornar claras suas aspirações.

Pensando dessa forma e observando como as crianças gostam de entrar em um clima de fantasia e suspense foi que elaborei o projeto de trabalho "Por encanto, contando contos", visando fornecer informações e enredos, para ampliar o mundo mágico das crianças alimentando suas brincadeiras e instigando sua curiosidade, além de dar subsídios para enriquecer seu vocabulário e sua capacidade de argumentação.

Além dos livros com pouco texto, resolvi também contemplar os contos de fadas porque, segundo Bettelhein (1980), enquanto diverte a criança, o conto de fadas esclarece sobre ela mesma e favorece o desenvolvimento de sua personalidade. Oferece significados em muitos níveis diferentes e enriquece a vida da criança de muitos modos.

Como contar outra vez?

Nossos momentos de história sempre foram feitos sobre o tapete e em círculo para permitir que as crianças tivessem acesso ao material apresentado, e pudessem ver e ouvir os comentários de todos os colegas. Assim, tentei garantir, no meu cotidiano com o "grupo 4", momentos de contos de histórias, ou rodas de histórias, como mostro a seguir:

> Como hoje é dia de as crianças trazerem livro de casa, perguntei quem trouxe, e o Igor foi correndo buscar o seu, sentando-se logo na roda. Ele disse o nome da história mas não permitiu que eu contasse a história e nem queria mostrar o livro para os colegas. Então falei para a turma que eu sabia uma história do lobo e os sete cabritinhos. E comecei a contar oralmente sem o livro, falando com entonações diferentes para a voz do lobo e da mamãe cabra. Ressaltei bem as recomendações da mamãe, criando um suspense em volta do lobo com todas as suas artimanhas para pegar os cabritinhos, e também com entusiasmo sobre o plano deles. As crianças prestaram uma atenção danada, fazendo expressões de medo, e vibrando no corre-corre de se esconder do lobo. Depois que terminei, "provoquei" o Igor perguntando se a história era a mesma do seu livro. Ele resolveu abri-lo bem ali na roda, e, conforme folheava, algumas crianças comentavam os desenhos exatamente iguais ao que eu tinha contado. Eles pareceram admirados, parecia que tinha sido mágica, foi genial! (29/9/97)

Ao contar uma história oralmente devemos falar com entonação e descrever algumas características dos personagens e do lugar onde se passa a história, para que as crianças tenham elementos para usar a sua imaginação.

Felizmente naquele dia eu conhecia bem a história que o Igor levara, e pude ainda proporcionar um momento significativo às crianças, mas poderia ter sido diferente caso eu desconhecesse o conteúdo daquela história. Assim, creio que seja arriscado deixar o momento do conto à mercê dos livros que as crianças vão trazer, pois nem sempre coincidirá de conhecermos a história. Dessa forma, sugiro que a educadora tenha sempre consigo alguma história já preparada, para que possa lançar mão dela no caso de não conhecer a história levada pela criança. Se isso ocorrer, a educadora deverá combinar com a criança que sua história será lida no dia seguinte ou no final da tarde, isso no caso de ela ter tempo para ler a história levada pela criança antes desse horário. É preciso refletir sobre isso.

Depois de observar a vontade que as crianças têm de manusear os livros e contar suas histórias, planejei levar vários livros para a sala, garantindo que cada uma tivesse o seu. Na escolha dos livros, minha primeira preocupação era conseguir livros com histórias conhecidas pelas crianças e que tivessem capa dura ou que não fossem muito frágeis, pois eu temia que pudesse haver disputa por algum livro que acabasse sendo rasgado.

> (...) e, pasme, não houve disputas, houve trocas. Eu ia parando um pouquinho com cada um para conversar sobre a história, ouvir o que eles queriam contar. Teve criança que construiu a história com os fatos que via nas figuras, imitavam a voz de algum personagem como o lobo, a Priscila, por exemplo, na página que a Cachinhos de Ouro estava no chão, ela explicava por que a cadeirinha estava quebrada e de quem era. (24/9/97)

Contar história com fantoche é algo muito envolvente também, mas que eu experimentei com um pouco de receio. É difícil para mim adaptar a história – acabo contando sem articular a boca do fantoche. Enfim, mexer com fantoches pode ser uma das minhas dificuldades com as artes.

Mas, durante a coordenação, aconteceu um único momento de história com fantoche, que foi muito bom! Primeiro fui até a livraria escolher um livro e encontrei um da "Coleção dos Pingos", *Buá... Buá... O que será?* (nem procurei saber se havia na biblioteca, porque eu o queria pra mim, pra me apropriar dele até poder representar). Selecionei os fantoches com antecedência e treinei um pouco. O resultado da apresentação foi muito bom. As crianças vibraram e depois, com mais fantoches, brincaram de dramatizar escondidas atrás da mesa.

Acho que esta pode ser uma boa dica para as próximas experiências com dramatização: num primeiro momento, escolher uma história curta, e com uma boa trama, que as faça querer adivinhar o que vai acontecer, envolvendo-as se for possível e, principalmente, que seduza e alegre as crianças, e, aos poucos, ir exercitando a adaptação das mais longas, como os contos de fadas.

Conta, conta, contador! Conta a história que eu pedi... Quando as crianças têm proximidade com as histórias e os contadores, os pedidos vêm. E o educador deve receber esses pedidos com alegria, mergulhando na paixão de redescobrir os contos. O jeito de contar será uma consequência do desejo de ler histórias para as crianças. No início pode ser até tímido, mas depois tende a crescer.

O importante é que nós, educadores, devemos continuar cativando esse jovem sábio contador de histórias que há dentro de nós e das crianças, despertando nelas o gosto pela leitura.

Bibliografia

BAPTISTA, C. e PENTAGNA, R. *Contos por enquanto: Uma experiência com a literatura infanto-juvenil*. Petrópolis: Vozes, 1995.

BETTELHEIN, B. *A psicanálise dos contos de fada*. Rio de Janeiro: Paz e Terra, 1980.

CAVALCANTI, Z. (coord.). *A história de uma classe*. Porto Alegre: Artes Médicas, 1995.

__________. *Alfabetizando*. Porto Alegre: Artes Médicas, 1997.

MAGDALENO, A.B. "No tempo de era uma vez... Reflexões sobre planejamento, registro e avaliação na educação infantil". Florianópolis, Curso de Pedagogia – CED/UFSC, 1997 (Relatório de estágio).

MAGDALENO, A.B. *et alii*. "Três cabeças que não se entendem passam fome de tanto pensar... Reflexões sobre planejamento, registro, avaliação". Florianópolis, Curso de Pedagogia – CED/UFSC, 1997 (Projeto de estágio).

WAJSKOP, Gisela. *Brincar na pré-escola*. São Paulo: Cortez, 1995.

WARSCHAUER, C. *A roda e o registro*. Rio de Janeiro: Paz e Terra, 1993.

WEFFORT, M.F. (coord.). *Observação, registro, reflexão: Instrumentos metodológicos I*. São Paulo: Espaço Pedagógico, 1995.

6

"ALEVANTA, BOI DOURADO, ALEVANTA DEVAGAR...": MENINOS E MENINAS BRINCANDO COM O BOI DE MAMÃO, FAZENDO-SE GRUPO

Experiência de estágio com
crianças de um ano e meio
a dois anos e meio

Janete Aparecida de Oliveira
Márcia Regina Souza Rosa

Estes são fragmentos das nossas vivências como estagiárias do curso de Pedagogia no ano de 1997, numa instituição de educação infantil do tipo creche, localizada em Florianópolis, com 12 meninos e quatro meninas com idade entre um ano e meio e dois anos e meio, que formavam o grupo do Maternal I, no período vespertino.

Essas são experiências vividas com muito entusiasmo no encontro com as crianças e na disposição de conhecê-las. São memórias de educadoras em formação, que se lançaram à aventura de pensar e fazer o cotidiano educativo; aventura marcada pela brincadeira do boi de mamão[1] e pelo desafio de construir o grupo. São memórias, enfim, que

1. A dança do "boi de mamão" é uma manifestação folclórica, presente na vida cultural de Florianó-

contam um pouco do vivido com as crianças, na imaginação, na dança, na cor, no ritmo do espetáculo que foi sendo criado e encenado. Espetáculo, sim! E nele, os grandes artistas foram as crianças.

Tudo começou assim...

Ensaiando e preparando o espetáculo

Além da grande ansiedade que sentíamos minutos antes de entrar em cena na sala do Maternal I, havia também o desejo de viver o novo, e deixar que ele adentrasse nossa mente e nosso coração, com todas as inseguranças e incertezas que o novo pode nos trazer.

Ao abrirmos a porta daquela sala, além do "friozinho" na barriga, existia também a felicidade de saber que mais uma etapa da nossa formação estava prestes a se iniciar. Lá dentro encontramos 16 crianças do Maternal I, com seus olhos atentos voltados para nós.

Passado algum tempo, o silêncio foi sendo substituído por balbucios. O que mais nos chamou a atenção foi o brilho dos olhos daquelas crianças, revelando desejos e vontade de brincar. Os olhares eram tão expressivos! Não dava para disfarçar ou deixar de "ver", pois aquele brilho dava a entender que as crianças queriam sempre mais. Justamente nisso se pareciam conosco – não queríamos parar! Pelo contrário, a estrada que estava à nossa frente tinha seus espinhos e pedras, mas nos desafiava, e sabíamos que não iríamos esquecer nossas vivências. Que elas ficariam gravadas em nossa memória e nos registros de cada dia vivido. Enfim, aqueles momentos fariam parte de nossa história de educadoras.

Por meio de nossas observações diárias pudemos perceber a necessidade de criar vínculos mais fortes e significativos com as crianças; de reuni-las em um ritual no qual cada uma percebesse a si e ao outro

---

polis, composta por diversos personagens (boi, cavalinho, bernunça, maricota, urso, urubu, entre outros), cada qual com uma música, cantada por todos na dança. As crianças aprendem rapidamente a música do boi que, entre outros, traz os versos que dão título ao presente artigo.

como integrante de um mesmo grupo: o grupo do Maternal I. A construção desse grupo passou então a ser nosso objetivo. Mas seria impossível trabalhar a questão sozinha, pois a construção de um grupo envolve muitas questões como: as interações – ponto de partida para essa construção; a rotina – uma maneira de organizar o grupo e o tempo; e a organização do espaço – uma maneira de propiciar o encontro do grupo. No processo, compreendemos a roda como estratégia essencial para formação de grupo, pois é por meio dela que cada integrante pode ver e ouvir o outro.

Tudo parecia ser tão fácil... Apenas parecia! Na prática do cotidiano, nem sempre acontecia o que esperávamos. As crianças pareciam não conhecer umas às outras, as rodas de história eram mais um amontoado, sem contar as mordidas, os puxões de cabelo e aquela correria... e, como se não bastasse tudo isso, pintava aquela frustração quando, ao propormos algumas atividades, logo em seguida constatávamos o desinteresse das crianças. Enfim, entendemos que grande parte do que idealizávamos como "perfeito" – o que daria "certinho" – transformava-se num caos, simplesmente porque não correspondia às necessidades das crianças ou a seus interesses. O exemplo típico eram as rodas de histórias que se afastavam dos sonhos e nos faziam entrar na realidade e perceber o desafio que estava posto. Precisávamos ir além. Como?

Em busca do grupo: Almofadas, chocolates e muitas histórias

Queríamos reunir o grupo, sentarmos lado a lado para conversar, em roda. Mas quando sentávamos no tapete, era a maior confusão! As crianças ficavam umas sentadas em cima das outras, muitas vezes nem sentavam e ficavam andando pela sala. Foi quando resolvemos fazer algo para demarcar o espaço de cada um naquele momento e, assim, criar uma marca para o encontro, que desse referência para as crianças.

(...) Reunimos as crianças para mostrar uma novidade. O grupo tinha recebido um presente que estava dentro de um saco. Eles ficaram ansiosos para saber o que tinha dentro e arriscavam vários palpites: jacaré, pipoca... Quando retiramos as almofadas vazias, isso só fez aumentar ainda mais a curiosidade. Alguns colocavam as mãos dentro da abertura da almofada, outros sentavam em cima ou deitavam, outros apenas ficavam olhando. Foi quando chegou uma surpresa para eles. Ouvimos uma batida na porta e, ao abrir, encontramos dois pacotes grandes e coloridos que fizeram com que as crianças corressem em sua direção, cada um queria pegar, amassar e abrir. Sentamos no tapete e com uma tesoura cortamos a fita que amarrava os pacotes. E, encontrando dois sacos de flocos de espuma, questionamos: "O que vamos fazer com eles?" Então sugerimos encher as almofadas! Formamos pequenos grupos e cada um "tentou" encher a sua... (Registro. 16.9.97)

O que aconteceu, então?

Em meio a flocos de espuma
Era uma falação!
O riso, a alegria
E uma grande curtição
Quem iria juntar as esponjas
Espalhadas pelo chão?

O que ficou dessa experimentação?
As crianças, uma movimentação!
Brincando e correndo
Com as almofadas na mão.

Depois disso, quando queríamos reunir o grupo, bastava pegar as almofadas ou colocá-las organizadas no chão, que eles já corriam, pois sabiam que iria acontecer nossa roda.

Todos sentados na roda, muitos suspiros, entra em cena uma caixa. O que será que tem dentro? A caixa faz barulho? Vamos escutar? A caixa vai de mão em mão. Cada um, balançando a caixa, arriscava um palpite. "É giz!" "Bala!" Algumas disseram: "Tem pedra!" Comentei: "Acho que tem pedra!" Al. logo contestou: "Não é pedra, não! É giz!" Alguém concordou: "É pedra!" Para provocar mais suspense abri a caixa, deixei aparecer um pedaço do papel da surpresa. Daí perguntei: "O que tem aqui?" Vieram primeiro os gritos: "É meu! Me dá! Eu quero!" Todos falavam ao mesmo tempo. Mostrei o saboroso chocolate. Insisti na pergunta anterior: "Sim, mas o que é isso aqui?" A maioria não escutou, o que importava era o que viam. Foi quando o Wil. gritou: "Chocolate!" Cada um, aos poucos, foi percebendo que para ganhar o que queriam era necessário pedir – o chocolate (como se esta fosse a palavra mágica). Até que todos disseram, da sua maneira, "chocolate". Nunca pensei que a palavra *chocolate* fosse tão difícil de pronunciar... (Registro. 27.8.97)

Assim fomos dando vida àquele momento que estava sendo construído pelo grupo, a roda, que cada vez mais foi sendo pontuada e esperada. De uma forma ou de outra todos acabaram percebendo que tínhamos um encontro marcado naquele horário. Sempre havia uma novidade que trazíamos para reuni-los: pipocas, gelatinas, doces e olhares surpresos. Foi por meio de uma constância diária que aquele momento começou a ter um significado e por isso mesmo passou a ser tão aguardado pelo grupo.

Tínhamos sempre uma novidade
Pipoca, gelatina, doce e chocolate
Quem quer ouvir história?
Venha com a gente
Vivendo a fantasia
Teremos todo dia
Uma emoção diferente.

As histórias começaram a povoar nossas tardes. Quase todos corriam e sentavam nas almofadas; outros eram convidados de uma forma especial. Eles gostavam de ver os personagens acompanhando nossas expressões e a entonação de voz que fazíamos.

Quanta história!
Olhem só!
Quem é?

"O menino e o jacaré"
"A casa sonolenta"
"A bruxa Salomé"

"Pachá e o peixinho"
"O pequeno pinguim"
"Os três porquinhos"...

A cada livro, a cada conto, o interesse do grupo pelas histórias vinha aumentando. A leitura era acompanhada com grande entusiasmo pelas crianças que não deixavam de observar as figuras e expressar espontaneamente o que percebiam, como revela o registro a seguir:

> (...) A história que contei já havia sido contada. Fizera muito sucesso; era do Menino e do Jacaré. As crianças escutaram com muita atenção. No final peguei o saco-surpresa. (...) Perguntei para as crianças: "O que será que tem aqui?" (passei o saco de mão em mão) Quando comecei a tirar o jacaré feito de material reciclado, foi uma festa! Todos queriam brincar com o jacaré; enquanto brincávamos, cantávamos a música do Jacaré Coiô... (Registro. 16.9.97)

Esse momento de encontro – na roda e nas histórias – também foi marcado pela cantoria. As crianças cantavam e gesticulavam as mais diversas melodias: "Jacaré Coiô", "O sapo", "Vem cá, meu boi", "A bernunça é bicho bravo", "O pato" e outras.

A música começou a fazer parte do Maternal I com mais intensidade. Resolvemos ampliar o repertório com músicas do "boi de mamão", do *Castelo Rá-Tim-Bum* e cantigas de roda. Nós escutávamos, dançávamos e brincávamos em diferentes momentos, inclusive na hora do lanche, do jantar e da troca. Passou a ser frequente ouvirmos as crianças cantarem o refrão de uma música conhecida enquanto realizavam as brincadeiras.

Muitas vezes, ao terminar a história, deixávamos o livro próximo das crianças e sempre alguma delas imediatamente pegava-o e folheava-o. Isso despertava o interesse dos outros.

> (...) Comecei a ler a " A casa sonolenta"; algumas crianças deitaram de barriga para baixo, com a cabeça apoiada nas mãos. Viam e ouviam atentos a história. Cutucavam-se um pouco, mas acompanhavam no livro os personagens. Quanto terminei de ler, algumas crianças "queriam ler". Dessa forma o livro teve de passar de mão em mão. (Registro. 14.10.97)

Percebíamos que existia uma outra maneira de dar vida e movimento às histórias. Então, preparávamos o cenário para a roda:

> (...) Hoje fizemos apresentação do teatro de fantoches, fechamos as cortinas, apagamos as luzes e todos estavam sentados no tapete. Entraram em cena o lobo mau (que nem era tão mau assim), a joaninha, o sapo e o porquinho. Ao iniciarmos a apresentação todos estavam atentos aos movimentos e à fala dos personagens. Não pude deixar de ouvir os comentários: "É o lobo! Cuidado!" Quando estava próximo do término, os personagens já estavam se despedindo. And., que estava de olhos arregalados, gritou: "Não vai embora não! Ah! Continua, continua!" (Registro. 27.8.97)

As primeiras apresentações dos fantoches abriram espaço para os novos artistas que já não se contentavam em apenas ver. Queriam agora realizar também suas apresentações. Os fantoches foram bastante explorados. Constantemente eles criavam histórias e enredo.

> (...) As crianças se revezavam atrás do pequeno palco de fantoches (umas apresentavam e outras eram a platéia). A apresentação consistia em ir atrás do biombo, apresentar o seu personagem e criar alguma fala. Eles mudavam inclusive a entonação da voz. Assim surgiam diversos personagens como: Bicho, Vovô, Caçador, O lobo. E assim, seguiram-se vários espetáculos. O Al., toda vez que se apresentava, dirigia-se à platéia e falava: "Alô, criançada!" Todos participaram, seja aplaudindo seja brincando. Alguns ficaram procurando dentro da caixa de fantoches os mais parecidos com os personagens que queriam apresentar... (Registro. 16.10.97)

No decorrer da convivência, notamos que as crianças passaram a brincar mais e a conversar entre si. Para provocarmos novas interações, criamos alguns "cantinhos", organizando o espaço e acrescentando alguns elementos à sala.

Com as cadeiras enfileiradas, com um volante na primeira cadeira, passeávamos de ônibus e de trem. Com loucinhas e panelinhas, a casinha foi se estruturando. Na frente do espelho, uma caixa com fantoches. Transformávamos as mesas da sala em mesa da casinha, balcão da venda, cabana do lobo, um túnel, mesa para jogos de montar.

Por uma questão de praticidade, os espaços não eram fixos: conforme a necessidade mudávamos de lugar ou acrescentávamos outros elementos.

As crianças realizavam um grande movimento: brincavam na casinha, passavam na frente do espelho e se olhavam com os fantoches. Em seguida passeavam de ônibus. Dessa forma incorporavam alguns papéis – ora motorista, ora cozinheiro e outros.

> Van. aproximou-se de mim com uma boneca na mão e disse: "Minha filha. Vou dar um banho nela." Então peguei uma outra e disse: "Esta é a minha filha, eu também vou dar banho nela." Van. improvisou uma banheira e eu, o sabonete. Estávamos dando banho em nossas filhas, quando chegou o Ma. Estava com seu filho e também queria dar banho

nele. Depois de darmos banho em nossos filhos, resolvemos pegar o ônibus, fomos na casa de Jan. e Scha. Chegando lá elas nos ofereceram um delicioso café... (Registro. 15. 9.97)

Dessa maneira fomos ritmando nossa prática e todos os dias organizando e preparando o espaço para cada atividade, dependendo do planejamento ou do interesse do grupo.

Ao longo dos dias passou a ser natural vermos as crianças mexendo no ambiente, reestruturando os espaços para poder brincar.

(...) Estava com algumas crianças brincando com os jogos de montar, no outro lado da sala. Uma delas pegou duas almofadas, levou para perto da casinha e improvisou uma cama para a Maricota (boneca grande de pano, com braços e pernas longas). Num instante ele arrumou um cobertor para cobrir a Maricota. Ficou algum tempo entretido com a boneca... (Registro. 18.9.97)

Depois de tantas festas e espetáculos, o imaginário foi se ampliando. As crianças foram entrando no mundo das bruxas, do lobo mau, e até mesmo do leão, seres que povoavam a nossa sala.

Nessas horas a única maneira de vivenciarmos ainda mais esses personagens era abrindo as portas da fantasia, e para isso não podia faltar uma grande festa de fantasia.

Na hora da roda propus fazermos um desfile de fantasias. Mostrei as fantasias que havia trazido. Fomos em frente ao espelho, alguns ficaram receosos, pois não conheciam aqueles personagens. Mas, enfim, quando viram o resultado, as crianças se animaram ao se verem vestidas com roupas tão diferentes. Alguém prontificou-se a tirar as fotos. O desfile era realizado em cima de uma passarela improvisada. (Registro. 21.10.97)

Assim fomos adentrando esse mundo das crianças, esse mundo do faz de conta, conquistando amigos e ganhando novos aliados. Transmitindo confiança, permitindo que falassem o que sentiam. Mesmo nos momentos de conflitos, estávamos presentes, próximas das crianças, escutando-as, estabelecendo regras ou auxiliando-as a falar o que as afligia. Algumas vezes não era suficiente ouvi-las, tínhamos que observar os gestos, as expressões e o tom de voz.

> "Oi Al.! Vamos lá no pátio?" (só olhou para mim, não disse nada) "Vem, eu te levo!" (ajoelhei-me na sua frente, estiquei a mão para ajudá-lo a levantar. Fiquei olhando nos seus olhos, que naquele momento estavam tristes) "O que aconteceu, Al.? Alguém brigou com você?" "Não! Não!" (ele falou) "Então fala pra mim: o que aconteceu?" "Eu... não tô legal!" (a princípio não entendi direito) "Como?" "Eu não tô legal!" "O que aconteceu?" (já estava preocupada; coloquei a mão em sua testa, olhei ainda mais atentamente para seus olhos à procura de alguma coisa que pudesse revelar seu mal-estar. É interessante: nesses momentos parece que os olhos falam mais que a boca!) "Tô cansado!" "Você tá cansado?!" Nesse momento abri os braços e ele se atirou em meu colo. Depois de algum tempo, voltei a perguntar: "O Al. está cansado?" Ele tirou o dedo da boca, apontou a cabeça e falou: "Al. tá cansado. A cabeça dói!" (Registro. 18.9.97)

É! Para trabalhar com as crianças é necessário estar disponível a ouvi-las e a interpretar suas mensagens. Só assim podemos caminhar rumo à construção de um grupo nas classes de educação infantil.

Da leitura do grupo à brincadeira do boi de mamão

De certa forma estávamos ali, com um propósito definido ou "quase", pois naquele espetáculo tudo poderia e deveria acontecer. Desde pipi fora de hora até mordidas e arranhões...

Assim observávamos as atividades realizadas pelas crianças, e ficávamos horas olhando, investigando, tentando pegar o fio condutor que nos guiasse a algo que fosse de interesse do grupo. O que era mais relevante para o grupo? Mais interessante? Prazeroso? Quais os momentos em que mais participavam?

Teria que ser um convite cuja recusa fosse impossível. Um convite que os motivasse a participar intensamente daquele novo processo que iria se iniciar.

Na busca de traçar novos caminhos, já tínhamos claro o que pretendíamos: fazer um convite à brincadeira, tal como é a dança do boi de mamão, em que cada personagem se integra na grande dança e no ritmo da alegria. Queríamos que o silêncio fosse embora, e que no seu lugar se instalassem a falação e o riso incontido. Queríamos que as crianças se sentissem participantes ativos do grupo do Maternal I. Só restava uma pergunta: como fazer o convite "na prática"? Dona Maricota deu uma mão...

O aparecimento da Maricota

A Maricota surgiu em uma brincadeira. Como percebemos o entusiasmo das crianças resolvemos propor a sua confecção. Pegamos diversos materiais e começamos a dar forma à Maricota. Foi impressionante como as crianças vibraram com essa personagem.

Na confecção da Maricota todo o corpo das crianças, mas principalmente as mãos, parecia estar movido pelo mesmo núcleo de atenção e interesse. O envolvimento foi geral! Pintar o rosto da Maricota foi uma curtição – nem a madeira que servia de base para sustentar a boneca escapou das mãos agitadas dos nossos pequenos artistas.

A disputa pela tinta guache, pelos potes e pincéis acentuou ainda mais o desejo de continuar a obra-prima que em breve faria parte do imaginário desses pintores. A necessidade de ter suas vontades atendidas era forte, ou seja, nada poderia aplacar esse desejo. Então a linguagem gestual já não era suficiente, e a briga pela conquista do espaço precisou da expressão oral: "É meu!" (gritou Scha.) "Eu quero o amarelo!" (falou And.) "Eu vou pintar os olhos." (disse Ma.) (Registro. 20.8.97).

Ah! A excitação, o grito, os primeiros balbucios. Sim, eles eram quase incompreensíveis. Se não fosse nossa vontade de ouvir – nossa paciência para nos abaixarmos e ficarmos bem junto deles, de ouvido colado, atentas, questionando, estimulando esse diálogo para que ele se prolongasse ao máximo – também não teríamos percebido o movimento de desejos e opiniões do grupo.

A nossa Maricota, para uma pessoa que olhasse de fora ou que não acompanhasse o seu processo de construção, pareceria muito esquisita. Imagine: dois pedaços de madeira em cruz compunham os braços e o tronco; em cima havia uma cabeça feita com saco plástico recoberto de tecido que fora pintada de todas as cores; os cabelos eram tiras de pano que as crianças rasgaram com suas mãos não muito precisas; com vestido colorido completamos o seu feitio, sem esquecer que os braços foram moldados com duas meias cheias de papel amassado. Era assim a nossa companheira de aventuras. Todos na sala tratavam-na com muito respeito. Nossos primeiros ensaios brincando com a Maricota foram meio desajeitados, pois não sabíamos de que maneira brincar. Em princípio circulávamos com ela pela sala, tendo as crianças à nossa volta. Então dizíamos para tomarem cuidado com a Maricota, pois seu braço poderia atingir alguém. E assim, quando percebemos, as crianças começaram a correr da Maricota. O espaço da sala ficou, então, pequeno para o grupo, e o pátio passou a ser o cenário de muitas brincadeiras com a boneca.

Era esse movimento – essa vida, esse envolvimento – que faltava. A Maricota trouxe o movimento e começou a fazer parte do nosso cotidiano. Com ela brincávamos e nos divertíamos.

> (...) Ao chegarmos na sala notamos a ausência da Maricota. Perguntamos: "Onde está a Maricota?" Ficamos surpresas com a resposta precisa: "Está na sala da Dete!" "Que tal irmos lá buscá-la para podermos dançar e brincar?" Ao chegarmos na porta da sala (da Dete) as crianças gritaram

o nome da Maricota. Pegamos a boneca e fomos para o pátio da frente. No início não sabíamos como brincar com a Maricota. As crianças foram brincar com os brinquedos do parque. Resolvemos então reunir o grupo para uma brincadeira de pega-pega junto com a Maricota. A boneca ia atrás das crianças, que se escondiam atrás das árvores. Ela fazia de conta que não as via até que as crianças começavam a gritar: "Maricota! Maricota!" Nem todas as crianças a princípio quiseram participar da brincadeira, mas o grupo começou a crescer, até que todas acabaram participando. Foi um momento em que elas brincavam juntas, gritavam, e ficavam quietinhas escondidas da Maricota na esperança de que ela não as visse para então novamente começar a gritar: "Vem Maricota!" (Registro. 25.8.97)

"Alevanta, boi dourado...": Um projeto de trabalho

A nossa caminhada começou a ter uma direção. Nos momentos de observação, nos diálogos, ficou evidente para nós que não poderíamos ignorar esse assunto, porque os personagens do boi de mamão começavam a se apresentar como um imenso universo que poderia proporcionar muitas experiências, muitos encontros e trocas entre o grupo. Seria muito divertido, pois era nisso que o grupo estava envolvido.

Decidimos elaborar um projeto que iria permear o nosso trabalho em grupo. O projeto era uma forma de planejar nossa atuação de maneira mais ampla e articulada, permitindo que o novo, o inusitado, fizesse parte de nossa rotina. O projeto foi denominado: "Alevanta, boi dourado, alevanta devagar, que o grupo do Maternal I vai agitar".

Não podemos deixar de lembrar que as primeiras palavras foram fruto de muitas tentativas e experimentações. Além da Maricota, resolvemos trazer outros personagens para nosso cotidiano na intenção de criar novas situações significativas. Diariamente, após o jantar e a higiene, convidávamos cada criança para ocupar seu lugar na roda. Esse era um momento forte de encontro do grupo.

Então passamos a incorporar nessas rodas: fitas com músicas de boi de mamão e outras, teatro, contos, algumas histórias com personagens de boi de mamão.

No faz de conta e nas brincadeiras que permeavam nossas rodas, as crianças começaram a incorporar as brincadeiras de boi de mamão, o ritmo, a dança e suas músicas.

Para ampliar o conhecimento das crianças sobre o boi de mamão, pensamos em trazer para a sala todo o movimento que a dança do boi realizava. Com uma fita de vídeo na mão e muitas ideias na cabeça, aquele era o momento de as crianças verem como os personagens do boi de mamão dançavam.

Mas... as crianças não seriam pequenas demais para se concentrarem numa fita de vídeo? Se tínhamos essa dúvida ao propormos a atividade, logo, logo, ela acabou, pois as crianças ficaram simplesmente paralisadas, maravilhadas diante do boi que passava na TV. A seguir contamos o que aconteceu:

> (...) Enquanto as crianças estavam no pátio, ficamos na sala para preparar o ambiente, com a televisão e o vídeo (que cobrimos com um tecido) para vermos a fita do boi-de-mamão. Reunimos as crianças no pátio. Abri um pouco apenas a porta, espiei e falei: "Acho que tem alguma coisa na sala! Deixa eu ver!" Quando abrimos a porta ficaram surpresos com aquele enorme objeto que estava escondido. Alguns arriscavam palpites do que havia ali, até que falaram: "É a televisão." Mas tudo isso era apenas o início. O melhor estava por vir. Ligamos a TV. Colocamos a fita. As crianças vibravam ao ver os personagens do boi-de-mamão, identificando os personagens à medida que apareciam: "É o boi!" (gritava um) "Vem cá, vem cá, meu boi..." (gesticulava e cantava outro) "Olha a Maricota!" (sempre que a Maricota entrava em cena apontava o Ma.) "Cota, Cota!" (confirmava o And.) (Registro. 22. 9.97)

O sucesso obtido fez com que apresentássemos a fita também em outros momentos, e sempre que as crianças a viam, aplaudiam.

Elas foram se envolvendo com os personagens do boi de mamão de uma maneira cada vez mais intensa. Partimos, então, para sua confecção com papietagem.[2] É claro que as crianças participavam pouco dessa confecção, que além de cansativa era um tanto complexa. Então decidimos confeccionar os personagens no final do dia e mostrarmos nossos passos para elas dia após dia, para que pudessem acompanhar todo o processo.

> Expliquei que tínhamos que picar, rasgar o papel para colar no boi. O boi fica em cima de uma mesa e a crianças, eufóricas, em volta. "O boi é meu!" – exclamou o Wil. "É meu!" – disse Zil. Algumas com as mãos sujas de grude corriam ao banheiro para lavá-las... (Registro. 29. 9.97)

Assim que o primeiro personagem ficou pronto resolvemos planejar uma maneira diferente de apresentá-lo à turma. Queríamos fazer uma agradável surpresa.

> Bernunça, minha bernunça, bernunça do coração.
> Bernunça só dança bem, quando entra no salão.

Ninguém poderia imaginar que aquele bicho de aparência inofensiva, tão colorido, pudesse provocar aquela revolução. As crianças de certa forma já o conheciam. Mas não existia palavra que pudesse dar conta de explicitar o momento que estava para iniciar. É mais ou menos como se algo que existe apenas em nossos pensamentos (um sonho bonito) se materializasse bem à nossa frente e as mãos esticadas lhe convidassem àquela música que já há tempo fazia parte do nosso repertório.

> *Olê, olê, olê, olê, olá*
> *arreda do caminho*
> *que a bernunça quer passar*

---

2. A técnica da papietagem consiste em recobrir uma superfície com várias camadas de papel picado e grude cozido (feito de trigo e água), o que dá uma consistência para a área recoberta. Essa técnica aprendemos com a arte-educadora Vânia Broering, do NDI/UFSC, a quem agradecemos.

Oh! Senhor dono da casa
Venha na porta da frente
Venha ver a brincadeira
Do bicho que engole gente

(...) Convidei todos para sentarem, já que a Maricota nos tinha deixado uma surpresa. O interessante é que a maioria das crianças estava na roda. Peguei o saco onde estava a surpresa. Perguntei, fazendo cara de suspense: "O que será que a Maricota mandou para a gente?" Passei o saco de mão em mão para que percebessem o volume. Foi muito interessante observar as expressões. "É uma barata!" Vi. disse: "É uma cobra!" Al., percebendo o tamanho do pacote, gritou: "É uma barata grande!" Ala. suspirou: "É um presente!" Wil. deu um tapa no pacote, junto de Dan., com a intenção de matar a barata. And. não parava de balbuciar; era evidente sua curiosidade. Na., Her. e Ak. olhavam atentos. Já Raf., diante de tanta agitação, estava espantada e de vez em quando fazia menção de chorar. "Ram! Ram! Ai!"... Deixei todos espiarem novamente. Tirei do saco um pacote grande. Abri um pouquinho para que todos espiassem. Assim foi consecutivamente até que ficou à mostra um pequeno pedacinho de tecido colorido. O Ma. logo gritou: "É a bernunça!" Então abri o pacote e todos puderam ver que era realmente uma bernunça grande. Diante de tanta folia e surpresa, Raf. e Her., que estranharam a presença do bicho colorido, puseram-se a chorar e só depois de muita conversa perceberam que a bernunça era feita para brincar. Demos a primeira volta com a bernunça e logo em seguida as crianças foram se enfiando em baixo; era a vez de elas brincarem... (Registro. 1.10.97)

E foi uma curtição.
Tanto movimento
Fez surgir a emoção!

Nossos personagens já estavam prontos (bois, cavalos, cabra, bernunças e a Maricota), todos coloridos de montão. Depois de muito grude e papel picado, poderíamos então dançar, pular e cantar.

O palco do grupo do Maternal I passou a encenar diariamente um espetáculo. Bastava para isso só usar a criatividade! E lá estávamos nós! Brincando, criando enredos, negociando os personagens. Vivenciando com intensidade as aventuras que cada personagem nos proporcionava.

> (...) Após o jantar e a higiene seguia-se a troca. Enquanto trocávamos as roupas das crianças cantávamos. As crianças pediam a bernunça. Alguns brincavam com a bernunça, outros cantavam; tudo isso durante a troca... (Registro. 21.10.97)

A Maricota faz cartaz

Todos os dias, depois de as crianças acordarem da soneca e enquanto faziam o lanche, nos uníamos a elas. Sempre alguém lembrava do amigo que estava ausente. Então resolvemos aproveitar esse momento, que poderia ser diferente. Trouxemos para sala um cartaz de pregas com o personagem da Maricota.

E lá veio a Maricota, toda sorridente com seu vestido colorido e com uma bolsa onde cabia muita gente. Só saía da bolsa aquele que estivesse presente:

> (...) quero ver quem adivinha o que trago para vocês. "É a Maricota!" (apesar de estar enrolada em um lençol, os pés ficaram de fora...) Colei na parede. Peguei o símbolo com o nome de cada um que ficava dentro da bolsa e fiz um grande suspense. Bem devagarinho fui mostrando o símbolo. "Que símbolo é esse?" "É a caneca!" (respondiam eles) "E de quem é?" "Do Wil." "Ele está?" "Tá!" (respondiam as crianças) "Que tal cantar uma música para ele?"
>
> *"Fizemos um baile de reis*
> *Fizemos um baile de cota*
> *Está chegando a hora*
> *Do Wil. entrar na roda"*

> Foi uma cantoria! Fizemos assim com todas as crianças, e não é preciso falar da ansiedade e da euforia que sentiam ao ver o seu símbolo ser colocado no cartaz de pregas, que ficava no vestido da Maricota. "Agora é a minha borboleta!" – falava o Ma., ansioso (...) (Registro. 20.10.97)

Além de identificarem cada personagem do boi de mamão, as crianças pareciam contagiadas pelo ritmo, pelo colorido. Isso estava evidenciado pela forma como se posicionavam no grupo. Brincando, falando, intervindo, conhecendo-se e percebendo os demais integrantes do grupo. Assim socializavam uns com os outros a maneira como se viam e viam os demais companheiros.

> Todos os bichos no salão, Oi cidade sim,
> Oi cidade não, Que quero ver boi de mamão

Fizemos uma grande apresentação com os personagens do boi de mamão. Para isso, um palco foi improvisado na creche. Foi interessante observar que mesmo as crianças de outras turmas, ao verem os personagens entrando no palco, começaram a cantar os refrãos da música do boi de mamão. Todas as crianças do grupo participavam com muito entusiasmo, negociando entre si e com nossa ajuda quem seria o cavalinho, o boi, a bernunça, a maricota, revezando-se e trocando de lugar, tudo na maior empolgação. Esse momento de socialização com as demais crianças da creche foi muito rico pois se transformou num bonito instante de trocas e descobertas.

As cortinas se fecham

Com tantos amigos e aliados nem percebemos nosso algoz. Ele não parava, não nos dava sossego... Por mais que tentássemos negar, os ponteiros nos avisavam: está chegando a hora de deixarmos o cenário.

E se, por um lado, existia a satisfação de termos cumprido nossos propósitos, por outro, sabíamos que sentiríamos saudades. Levamos com a gente, em nossas memórias, olhos brilhantes, gargalhadas sonoras, falação, música, alegria e todo um cenário colorido.

Como símbolo do vivido resolvemos, então, deixar com as crianças uma recordação. Para isso, o casal de bernunça iria nos ajudar, com uma ninhada de pequenas bernuncinhas, confeccionada com caixas de gelatina (papietagem). E, no final, a festa foi total!

> Na roda, pegamos as bernunças. "Como ela está pesada! Acho que hoje ela trouxe uma surpresa para nós!" As crianças olhavam a bernunça em nossas mãos, e pareciam não entender direito o porquê de ela estar toda enrolada... (no seu corpo estavam as bernuncinhas). De repente fizemos um ruído para demonstrar que a bernunça estava tentando nos dizer alguma coisa. As crianças já estavam de olhos arregalados! Para surpresa de todos, tiramos uma bernuncinha. "Olha! A bernunça nos deu um filhotinho! Quem vai cuidar dele?" Depois disso foi uma folia. Era impossível conter a excitação do grupo e a nossa também! O And. não conseguia ficar sentado... Ma. falava alto, apontava a bernuncinha, ora estava sentado ora estava em pé... A Van gritava: "Eu quero uma! Eu quero uma!" (Registro. 23.10.97)

Mesmo que quiséssemos descrever tudo o que aconteceu nesse tempo não conseguiríamos, pois o corpo, as mãos, os olhos, as bocas se movimentavam com tamanha urgência que é difícil relatar. Queríamos prolongar essa excitação, esse riso, essa falação até o último instante.

Tente imaginar todas essas cenas...
tente imaginar os olhos...
tente imaginar as mãos...
tente imaginar os corpos...
tente imaginar os sons das gargalhadas...
a música... as cores...
Se você conseguir
Muito bem!
Você acabou de conhecer o grupo do Maternal I.

7 ENTRE FADAS, JACARÉS E PINTORES: A HISTÓRIA DE CONSTRUÇÃO DE UM GRUPO[1]

Experiência de estágio
com crianças de dois anos e
meio a três anos e meio

Ângela Raquel Kolb Schiefler
Samantha Fernandes da Silva

Senhoras e senhores!
Meninos e meninas!

Falta pouco para o espetáculo...
Fiquem calmos!

Um
Dois
Três...

1. O presente artigo baseia-se no nosso relatório de estágio apresentado à disciplina Prática de ensino na pré-escola II, do curso de Pedagogia – habilitação pré-escolar, Departamento de Metodologia do Ensino, Centro de Ciências da Educação, UFSC, realizado no ano de 1997. Agradecemos a orientação da professora Luciana Esmeralda Ostetto.

O espaço era de experimentação e de compromisso com a instituição – Creche Dona Cota, localizada no Abraão, bairro da zona continental de Florianópolis-SC.

Turma vespertina do Maternal II, 15 atores principais com idade entre dois anos e meio e três anos e meio, que a cada ato e a cada cena refaziam o espetáculo, junto com as educadoras da turma.

Um espetáculo diferente, envolvendo tanta gente: atores, contra-regras, diretores, espectadores e artistas, buscando parceria entre universidade e instituição de educação infantil.

Eram duas as artistas, Samantha e Ângela, organizando o cenário e escrevendo o roteiro. O projeto de estágio "A construção da identidade individual e coletiva: Um importante processo à educação infantil", elaborado no primeiro semestre de 1997, serviu como base para nossa experimentação. Compartilhando cenas do espetáculo estavam mais seis estagiárias e as turmas do Maternal I, do 1º período e do 2º período.

Com projetos de trabalho para a atuação no dia a dia, a experimentação iria se concretizar. "E o palhaço, o que é? É ladrão de mulher!", "Arte, diversão e muita empolgação" e "Virando pintores, músicos, artistas e escultores" foram os nossos projetos.

Nesse processo muitas transformações, virando fada Clara, pintor Jean Pierre, bruxa Salomé e palhaço. Ah! Não podemos nos esquecer dos seres encantados...

Sacos-surpresa, palavra mágica, caixa das belas-artes, a casinha e o "canto" da fantasia compunham o cenário de magia e alegria... mas não era só diversão... às vezes lágrimas e desilusão. O grande desafio era a construção do grupo!

Na experimentação fomos assumindo diferentes facetas: de estagiárias e alunas a artistas, poetisas, atrizes, pintoras... marcando, assim, a formação de ser educadora.

Atenção! Vai começar...

I ato: O grupo

O que significa grupo?
Uma junção de pessoas?
A busca da homogeneidade?
Uma construção harmônica e linear?
É algo dado, pronto e acabado?
Não!

Essas questões podem ser respondidas
com as suas negações, pois
... o grupo não é o simples conjunto de pessoas.
No grupo há paixões, desejos, desafios que se entrelaçam sendo compartilhados entre seus membros. A união que se estabelece no grupo ocorre por objetivos e anseios comuns, buscando melhorar o conhecimento dos integrantes;

... não existe um grupo de um único; existe, sim, um grupo de vários diferentes e semelhantes interagindo. É nesse diferenciar e assemelhar que o indivíduo se identifica, percebe-se, constitui-se, estruturando sua identidade mediante o outro.

O grupo é o encontro das diferenças.
De diferentes histórias...
De diferentes formas de pensar...
De diferentes formas de sentir o mundo...
De diferentes vivências...
De diferentes experiências...

Onde o respeito pela individualidade,
o respeito pelo ser humano,
o respeito à liberdade,
o respeito à palavra
são necessários nesse encontro.
Respeitar não significa excluir,
mas sim incluir,
buscar,
conhecer,

fazer-se pertencente ao grupo.
Respeitar não é silenciar o outro,
mas deixá-lo aparecer,
buscando sua voz e sua vez,
fazendo-o crescer.

Grupo constitui-se
no espaço da formação da autoestima,
no espaço para ser aceito,
sentir-se parte,
sentir-se seguro.

... Grupo não é um instrumento ou objeto,
não é algo dado, posto e acabado,
mas sim um pulsar refletidor,
integrador,
desafiador,
construtor da ação consciente e compartilhada.

... Grupo não se constrói de forma linear e harmônica.
Acontece entre idas e vindas, num processo dinâmico.
Viver em grupo é conviver
com a diferença,
com a incerteza,
com o inusitado,
com o conflito.
Com a negação e a afirmação
do que somos,
pensamos e
sentimos.

Viver assim... muitas vezes... não é fácil!
Devido às nossas vivências e experiências
Baseadas no autoritarismo,
no ideal,
do único,

do verdadeiro.
Mas é necessário...
Ousar,
experimentar,
lutar,
sonhar,
amar,
brincar,
crescer,
enfim... Viver.
Viver na rotina
não rotineira.
Reinventando o cotidiano,
buscando ser,
dia a dia ...
... fazendo-se presente!

Grupo na roda
Roda do grupo.
Girando,
imaginando,
fantasiando,
cantando,
enfim...
compartilhando.

Ufa! São tantas questões, tantas dúvidas e incertezas.
O medo apavora... Por onde começar? Pela leitura do grupo, oras!
A primeira leitura da turma (Maternal II) fez com que parecesse tranquila, mas "morna". Algo estava obscuro...
Era importante prosseguir..., procurar nos movimentos das crianças indícios de identidade, procurar ver além das aparências.

E continuamos, até que...
BUM!!!
A primeira descoberta: o Maternal II não era nada daquilo.

Era um grupo ativo, necessitando viver, sonhar, crescer.
Mas, como fazer?
Vejam as cenas nos próximos atos.

II ato: Rotina – O grupo vivendo no tempo e no espaço

Rotina é a organização no tempo e no espaço da prática pedagógica, a qual se dá pela estruturação de uma sequência básica das atividades realizadas cotidianamente.

> O estabelecimento de uma seqüência básica de atividades diárias, a "rotina", é útil para orientar a criança a perceber a relação espaço-tempo, podendo aos poucos prever o funcionamento dos horários na creche. Contudo, o acontecer de coisas novas, inesperadas, é fundamental para a ampliação das experiências infantis. As novidades podem ser planejadas, apoiando-se na estrutura orientadora da rotina. A criança age, com isso, num clima de maior segurança, estabilidade e consistência. (Oliveira *et. al.* 1992, p. 76)

Dessa forma, procuramos organizar nosso trabalho com o grupo do Maternal II, estruturando a rotina da seguinte maneira:

- sono/higiene/lanche;
- roda;
- situação coletiva;
- pátio (quando não chovia);
- higiene/jantar/higiene;
- duas ou três propostas de brincadeira.

Essa estruturação estava baseada nos projetos de trabalho, nos quais procuramos organizar situações significativas às crianças, não nos prendendo a horários fixos. Apenas procuramos respeitar os horários do lanche e do jantar, uma vez que envolviam outros profissionais da creche.

Mas muitas dúvidas nos surgiram: Como trabalhar o coletivo considerando os ritmos e desejos individuais das crianças? Em quais momentos as crianças poderiam agir conforme seus interesses? E em quais momentos deveriam agir com o grupo? Como fazer com que o processo não ficasse centralizado nas educadoras?

Apesar de um certo medo, começamos a experimentar algumas questões. Uma delas foi quanto à flexibilidade dos horários. Como mencionamos anteriormente, nossos planejamentos diários não se organizavam por horários fixos, mas sim pela leitura do envolvimento das crianças na atividade proposta. Nesse sentido, o próprio planejamento tornou-se flexível, pois não se deve parar uma atividade significativa para o grupo somente porque está na hora de outra, nem insistir em permanecer numa atividade desinteressante ao grupo, apenas porque ela se encontra no planejamento do dia.

Entretanto, nem sempre essa consciência se efetivou, principalmente nos primeiros dias de coordenação, quando ocorreram situações de conflito, materiais rasgados e subidas na mesa, gerando um clima de desconforto, tristeza e impotência em nós.

Foi necessário repensar nossa prática, reavaliando o grupo e planejando situações significativas tanto para as crianças quanto para nós, pois era importante que nos víssemos no planejamento, sentindo-nos presentes nas brincadeiras e nas fantasias, uma vez que o educador faz parte do grupo e sua identidade também está em construção. É isso o que Freire (1993) nos coloca quando abomina a "rotina rotineira" e defende uma rotina que dê espaço para o pulsar de vida e os desejos dos educandos e das educadoras.

"Como pode um peixe vivo viver fora d'água fria?" Como pode uma educadora querer estimular a arte e a pintura se ela não aprecia essas ações? Como pode uma educadora querer estimular o canto e a dança se a música e o movimento não fazem parte de sua vida? Como pode uma educadora brincar de fantasiar, se não deixa fluir sua imaginação?

Voltando à rotina, uma outra questão que procuramos trabalhar foi a "constância". Como coloca Freire (*idem*, p. 163), "não se constrói uma rotina sem uma constância. Constância de tempo, horário. Encontro de tal a tal hora. Fixar não significa ser rígido, mas é compromisso. Constância de espaço, geografia localizada".

A constância possibilita à criança conhecer e compreender mais profundamente as atividades, ou seja, a criança, no processo de aprendizagem, necessita de um "tempo físico e concreto" para articular e organizar seus pensamentos, situando-se no tempo e no espaço.

Na nossa coordenação, a constância de algumas atividades foi marcada por alguns materiais como os símbolos da caixa mágica para a transformação dos seres encantados; o saco-surpresa; o jacaré Fred e a caixa das belas-artes para atividades de pintura e desenho. Ao visualizarem tais materiais, as crianças logo se dirigiam para o encontro na roda, pois foi ali o início do encontro do grupo.

Mas todas essas situações tiveram suas histórias...

Cena I: O grupo atuando na roda

Roda...
o que é isto?
Uma bola?
Um bambolê,
ou uma argola?
Não!
Roda é...

"Círculo.
Símbolo da totalidade.
Mandala integradora e
igualitária
que abole as assimetrias
tradicionais entre [educador] e [crianças]
Na forma de ovo,
a possibilidade de
nascimento do GRUPO". (Warschauer 1993, p. 47)

Quer dizer que a roda é um círculo? É o encontro do grupo? Mas como efetivar esse momento? Como chamar a atenção das crianças? Qual a melhor maneira? Eram – e ainda são – dúvidas que passaram – e passam – por nossa mente.

Anterior à nossa coordenação, a turma reunia-se em forma de roda para ouvir histórias, cantar e aprender diferentes músicas. Mas esse não nos parecia ser o momento de encontro do grupo. Então o que fazer?

Refletindo, compreendemos que o primeiro passo seria atrair a atenção das crianças. Mas como fazer isso? A resposta a essa pergunta foi: por meio do suspense!

O suspense provocado pelos sacos-surpresa e pela caixa mágica proporcionava um clima de adivinhação e interação. Aos poucos as crianças foram percebendo que, além de ouvir histórias e cantar, poderiam falar e ser ouvidas, sugerir e ser respeitadas, tocar e cheirar sendo valorizadas, enfim, brincar de adivinhar e participar.

Para complementar todo esse suspense, o momento da roda foi aquele no qual as crianças viraram seres encantados por meio dos símbolos criados pela fada Clara. Foram situações vivenciadas com alegria, entusiasmo e magia.

A partir dessas situações, tornou-se necessário delimitar o espaço da roda, não mais no tapete, pois nem sempre conseguíamos formar um círculo. Assim, associado ao interesse em criar mais enredos de brincadeiras, de prazer e de imaginação, foi decidido dar à turma o jacaré Fred, confeccionado em tecido e espuma, no qual as crianças poderiam sentar formando um círculo, valorizando a visualização e a participação de todos, pois "a roda é o momento privilegiado da rotina em que a troca entre os participantes do grupo ocorre. Sentar-se de forma que todos se vejam, em círculo, já é um convite a querer falar e ouvir. O respeito pela individualidade é a base de construção do grupo" (Warschauer 1993, p. 50).

A roda marcou o encontro inicial do grupo, tornando-se cada vez mais significativa, por sua constância. Segundo Warschauer (*idem*, p. 46), "a constância dos encontros propicia um maior entrelaçamento dos significados individuais, a interação aumenta e criam-se significados comuns, às vezes até uma linguagem própria".

As crianças começaram a se perceber como sendo individuais, diferentes entre si e especiais, ao mesmo tempo em que se sentiam pertencentes ao grupo do Maternal II.

Inúmeras são as estratégias para atrair a atenção das crianças, e elas devem ser cada vez mais exploradas e reavaliadas. Nascem da leitura do grupo pela educadora. Mas é necessário o envolvimento da educadora na elaboração, no sentimento de experimentar, de ousar, de ser divertido e de se sentir parte desse processo, percebendo-se em construção também.

Concluímos que os momentos de roda por nós proporcionados poderiam ter sido mais empolgantes, com surpresas mais elaboradas e divertidas, e se não o foram foi em decorrência dos limites de experiências e materiais. Mesmo assim, conseguimos celebrar o momento da roda, marcando seu ritual, em virtude de nosso envolvimento ao brincar de adivinhar, de contar histórias, de transformar as crianças em seres encantados.

Respeitamos nosso limite, sabendo da importância de tentar superá-lo, entendendo o movimento de educar e de ser educadora presente na prática e na consciência dessas ações.

Cena II: A fada Clara e os 15 seres encantados

Fada Clara
Varinha de condão
Sim-salabim-bim-bim
Caixa mágica
Transformou assim...
Todas as crianças em seres encantados!

Era uma vez... o objetivo de contribuir para a construção da identidade individual e coletiva das crianças, identificando-as com símbolos individuais, utilizando figuras (marcas) de elementos pertencentes ao cotidiano.

Mas como introduzir esses símbolos de forma significativa às crianças? Qual seria a melhor maneira para isso? Diante dessas questões tivemos várias ideias: as crianças poderiam escolher os símbolos, ou os símbolos poderiam fazer parte de uma história contada a elas, ou, ainda, poderíamos utilizar um personagem imaginário que realizaria a transformação.

Envolvidas com o mundo do circo, optamos pelo mágico, personagem capaz de realizar mágicas e transformar as crianças por meio de sua cartola.

Entretanto, através da orientação da professora-supervisora compreendemos que os personagens imaginários não são fantásticos por si sós, mas sim envolvem e atraem conforme são incorporados e vivenciados. Nesse sentido, a estagiária que iria representar o mágico teria que se sentir o mágico, ver-se como tal e agir como tal, o que não estava acontecendo. Então, ela percebeu que representar uma fada seria uma boa ideia, pois se identificava com esse personagem, como demonstra o registro:

> (...) Refletindo sobre a orientação de Luciana, analisei que o mágico não corria em minhas veias; não me sentia mágico e achava masculino esse papel. Decidi, então, optar por uma fada – a fada Clara. Mas a escolha da fada veio tanto da segurança que esse personagem me transmitia quanto do envolvimento das crianças nos contos das histórias, onde ela se faz presente (...). (18/9)

Criamos então a fada Clara. Com o auxílio de sua varinha de condão e de sua caixa mágica, ela veio transformar as crianças do Maternal II em seres encantados.

Para que tal encantamento acontecesse era preciso que todos repetissem as palavras mágicas, Sim-salabim-bim-bim, com bastante força e entusiasmo.

Sentados na roda... o encantamento então aconteceu...

Sim-salabim-bim-bim,
Sim-salabim-bim-bim,
Transforme a Beatriz
Num sol bem brilhante pra mim!

As demais crianças também foram transformadas. Selecionamos várias figuras e escolhemos 15: o sol, a estrela, o sorvete, o caminhão, o coração, a casinha, o caracol, o barco, o pirulito, o avião, o carro, o balão, a pipa, a borboleta (que depois virou a moto).

À medida que as palavras mágicas soavam, os símbolos[2] saíam da caixa e iam para seu dono, complementando o encantamento.

A caixa e as palavras mágicas começaram a fazer parte do início de nossa roda. Esse passou a ser um momento de grande atração e desejo das crianças por serem transformadas em seres encantados. Com a constância desse momento, as crianças conseguiram se identificar e identificar seus colegas por meio de seus símbolos.

Cena III: O que será... o que será... o que será...
que o saco vai mostrar??

O saco-surpresa, normalmente utilizado no início da roda, foi mais uma das estratégias empregadas para chamar as crianças, reunindo o grupo. Esse objeto proporcionava um clima de suspense e expectativa, revelado pelo desejo que todas demonstravam de querer adivinhar e saber o que o saco continha. O registro aponta essa observação:

> (...) Chamei a atenção do grupo trazendo o "saco-surpresa"; organizei a posição das crianças. Perguntei se sabiam o que tinha dentro... O saco

2. Os símbolos foram desenhados em cartolina e protegidos com papel *con-tact* na forma de crachás.

passa de mão em mão, todos pegam e dizem alguma coisa original ou imitam de algum colega. (...) O saco passou pela mão de todos. Vanessa, Luan e Roberta disseram que era um livro ou revista. Realizei o suspense, fui tirando o livro devagar até tirá-lo por completo e disse: "Nossa, é um livro de história, é a história da Bela Adormecida!" (17/9)

Além das histórias,[3] outras surpresas: fitas de músicas da Arca de Noé e dos Saltimbancos, peixinhos de papel colorido, contendo os nomes e os símbolos das crianças, formavam a "chamada da turma". E aqui há uma explicação. Na sala havia um barco, um mar (feito de mural de pregas) e vários peixinhos pintados pelas crianças com cola colorida contendo seus nomes. Na nossa coordenação, esses peixinhos foram trocados por outros feitos de papel-cartão colorido, contendo o nome e o símbolo de cada criança. Tal mural formava a "chamada da turma".

Um certo dia havíamos retirado os peixinhos ("novos") da sala para colocar papel *con-tact*. Já pela manhã as crianças sentiram sua falta e à tarde, quando Ângela chegou na sala, foi abordada por Douglas e Natalha informando que eles tinham sido roubados. Ângela perguntou então quem os teria roubado. Brenda respondeu que tinha sido a bruxa Mirabel.[4] Douglas logo retrucou, dizendo "Não, a bruxa Mirabel é boazinha!". Então Natalha concluiu: "Foi a bruxa Salomé!!!"[5] Decidido. Quem roubara os peixinhos fora a bruxa Salomé.

Envolvidas nessa situação, colocamos os peixes no saco-surpresa dizendo que ele teria sido deixado pela fada Clara (amiga da turma). O saco passou de mão em mão e todos disseram o que poderia haver ali. Abrindo o saco, a alegria foi geral.

---

3. Outros livros de histórias contados foram: *Os músicos de Bremem*, *Rapunzel*, *A casa sonolenta*, *Branca de Neve e os sete anões*, *A bruxa Salomé*, *O menino e o jacaré*, e *A casinha na floresta*.
4. A bruxa Mirabel foi um personagem criado e apresentado pela professora da turma, anterior à nossa coordenação.
5. A bruxa Salomé entrou no grupo por intermédio do seu livro. Chamou atenção por ser malvada e querer comer as crianças, tornando-se personagem de algumas brincadeiras das crianças.

Além de tornar-se um outro momento da roda, a chamada passou a ser um ponto de referência para as crianças, proporcionando situações significativas e espontâneas de interação e brincadeiras.

As guloseimas – pirulitos, bombons de chocolate e pães de queijo – foram outra surpresa contida nos sacos muito apreciada pelas crianças. Os pirulitos apareceram na roda conforme o registro:

> (...) Essa foi uma roda diferente, que aconteceu após o jantar. O saco passou de mão em mão e todos deram sua sugestão. Quando peguei-o novamente dei uma espiadinha... e informei que nada continha. Sugeri, então, que fizéssemos o "Sim-salabim-bim-bim" para acontecer uma mágica. Mas nada mudou, o saco continuava vazio. Era necessário repetir o "Sim-salabim-bim-bim" com mais força, e com isso a mágica se realizou. Surgiram pirulitos. Pirulitos com apito! A surpresa foi ainda maior, pois além de saboreá-los poderiam brincar. E foi o que aconteceu. Aproveitamos para cantar a música do *Trem maluco*[6] acompanhada do som do apito. Foi superlegal!! (22/10)

O jacaré e o sapo de fantoches foram personagens apresentados para as crianças que ganhavam vida por nossas mãos. Por meio deles cantamos muitas músicas e realizamos muitas brincadeiras. Vejamos algumas:

"Eu conheço um jacaré, que gosta de comer. Esconde o seu *nariz*, senão o jacaré... Come o seu *nariz* e o dedão do pé." (a música continua, substituindo o termo grifado por outras partes do corpo).	"Jacaré foi no mercado, não sabia o que comprar. Comprou uma cadeira pra *comadre* se sentar. A *comadre* se sentou, a cadeira se quebrou, Jacaré chorou, chorou, do dinheiro que gastou." (pode-se trocar "a comadre" pelo nome das crianças)

6. O trem... o trem... o trem maluco, o trem maluco/quando sai de Pernambuco vai fazendo chic, chic até chegar no Ceará,/ rebola pai, mãe, filha, eu também sou da família e também quero rebolar./ Um pouquinho de coca-cola, um pouquinho de guaraná;/ há um menino na escola, ele quer me namorar!

"O sapo, o sapo que mora na lagoa, não tem, não tem, rabinho nem orelha uáua, uáua, uá, uá, uá."	*"O sapo não lava o pé, não lava porque não quer,* Ele mora lá na lagoa não lava o pé porque não quer. Mas que chulé!" (a música continua, trocando as vogais das palavras: "A sapa na lava a pá, na lava paca na cá..." "E sepe ne leve e pe, ne leve peque ne que...")

O fantoche do jacaré inspirou-nos a construir um jacaré maior, feito de pano e espuma, que delimitaria o espaço da roda. Foi assim que "nasceu" o Fred.

Cena IV: Coisas de amigo, o jacaré Fred!

Ele morde?
Não, ele não tem dentes...

Um certo dia, um jacaré mandou a seguinte carta para o Maternal II:

> Maternal II
>
> Oi crianças, tudo bem?! Espero que sim.
> Vocês sabem quem eu sou?... Isto mesmo, o JACARÉ, e vim ser amigo de vocês, participar das rodas, das histórias e das conversas.
> Eu estou muito feliz de estar aqui.
> Cheguei hoje na creche, mas estou bem escondido e vocês terão que me achar.
> Lá vai a *1ª pista*: Levantem-se bem devagar, formem um "trem" [estava desenhado], dirijam-se até o espelho. Cada um tem que fazer uma careta bem feia. Cheguem perto dos colchonetes, no terceiro encontrarão a 2ª pista.
> Boa sorte,
>
> [desenho do jacaré]

Essas pistas estavam espalhadas por toda a creche, escondidas nas outras salas e na cozinha. Iniciamos a busca envolvendo e mobilizando toda a turma. Vejamos o percurso que fizemos:

2ª pista: Nadando, devem ir até o "barco" [desenho]. Chegando lá, cantem a música "*(...) Se eu fosse um peixinho e soubesse nadar, eu tirava a Mayara lá do fundo do mar!*"
No peixe dela, a 3ª pista estará! Continuem...

3ª pista: Batam na porta do Maternal I e peçam um urso de pelúcia [desenho]. Encontrarão, assim, a 4ª pista...

4ª pista: Andando como formiguinhas, vão até a cozinha e cantem a música: "*Bom-dia, amigo, bom-dia, irmão, abra um sorriso e cante esta canção, pa-ra-pa-ra-pa-ra-pa.*"

Batam palmas e perguntem se as cozinheiras possuem um prato branco. Embaixo dele estará a 5ª pista...

5ª pista: Agora andem bem devagar. Cheguem perto da porta do 1º período. Batam e perguntem se eles têm algum "chapéu de fada" [desenho]. Nele a 6ª pista estará...

6ª pista: Virem e olhem para a frente. Esta é a sala do 2º período.

Batam na porta e perguntem se dentro do baú há um bilhete para o Maternal II.

Agradeçam...

> *Bilhete*
> *Não fiquem tristes, eu já estou na sala à espera de vocês.*
> *Cuidem bem de mim, fui feito para sentar.*
> *Abram a porta bem devagar e não se assustem.*
> *Um abração.................* [desenho do jacaré]

A surpresa ao encontrar o jacaré na sala foi enorme. Era um jacaré grande – media seis metros –, tinha uma boca enorme, mas não possuía dentes, assim, não nos morderia. Sua cor era verde e seus olhos eram colados – fáceis de ser arrancados, não permaneceram por muito tempo no lugar. Ele realmente virou amigo da turma, fazendo parte da roda e das brincadeiras. Mas ele não possuía nome e já não tinha olhos. O que fazer?

Passado algum tempo, os problemas com o jacaré continuavam. Mas um certo dia, sem que ninguém esperasse, apareceu uma carta. Imaginem de quem? Da fada Clara, é claro!

A carta, de forma redonda, dizia o seguinte:

Ahan! Eu sabia que vocês iriam acertar.
Vocês pediram e eu consegui colocar os olhos no jacaré.
Mas tive que viajar muito e procurar bastante
estes olhos especiais... Gostaram?
Agora o jacaré só precisa de um nome, vocês não acham?
Que nome vocês querem dar a ele!?
Que tal... Godofredo, Verdugo, Fred, Rodolfo, ou...?

Um abraço,
Estou com muitas saudades

Fada Clara
(desenho da varinha de condão)

Foi feita uma eleição (meio forçada, confessamos...), e Fred foi o nome vencedor.

Cena V: A caixa das belas-artes

A "caixa das belas-artes", criada no final do primeiro projeto, chamava a atenção das crianças pelo seu colorido, sua forma (era redonda) e também pelo seu conteúdo...

Na hora de abri-la, um suspense... O que será que ela estava trazendo? As crianças sabiam que iríamos fazer alguma atividade relacionada à pintura e ao desenho. Trazia sempre uma técnica diferente, marcando com intencionalidade o momento da criação plástica, e os momentos proporcionados por ela foram sempre agradáveis e prazerosos para as crianças.

As técnicas trabalhadas foram: desenhar em papel branco com giz de cera, tinta guache, giz seco molhado em água, caneta hidrocor, vela e anilina; tinta guache em papelão e em papel kraft; cola colorida em papel-cartão; giz de cera na lixa, sendo que procurávamos sempre variar o tamanho e o formato dos papéis.

Essa caixa foi utilizada como elemento auxiliar na constituição de um outro personagem: o pintor francês Jean Pierre! Personagem que veio mostrar às crianças que elas também eram pintoras e que o que faziam eram obras de arte, valorizando, assim, suas expressões plásticas.

Jean Pierre viera fazer uma visita ao grupo do Maternal II, pois ficara sabendo que eles haviam realizado uma exposição dos quadros pintados. Ao chegar na sala, as crianças associaram-no com uma das estagiárias. Explicamos, então, o que tinha acontecido... a fada Clara aparecera na creche e acabara transformando a estagiária no Jean Pierre, um pintor francês (a primeira pergunta que fizeram era se ele era homem!). Jean Pierre se apresentou e em seguida mostrou um livro (de Van Gogh) que falava sobre "sua vida" e trazia "seu" autorretrato juntamente com "seus" outros quadros. Muitos desses quadros eram retratos de outras pessoas que as crianças queriam saber quem eram – sua mãe, seu pai, seus filhos?

Em uma outra ocasião, o estimado pintor voltou a visitar a turma, com outro livro, de seu amigo Renoir. No livro havia vários quadros de nu artístico, o que chamou bastante a atenção das crianças. Seus olhos eram de curiosidade e de contentamento.

A maneira natural e descontraída como o livro de Renoir foi apresentado deu segurança às crianças para falar e olhar as figuras sem repressão. Por se sentirem assim, pediram para rever as figuras do nu artístico.

Utilizando novamente a caixa das belas-artes, "Jean Pierre" propôs novas expressões aos pintores do Maternal II, usando tinta guache e papelão. A tinta guache também serviu para as crianças "carimbarem" sua mão em uma folha de papel. Foi a grande curtição.

E assim, "Jean Pierre", pintor francês vindo de Paris, tornou-se mais um amigo do grupo. Porém, novamente a questão da identificação da educadora com a representação do personagem imaginário se fez presente. Vejamos os registros:

> (...) Hoje representei o pintor Jean Pierre. Foi legal, mas senti que alguma coisa faltou, não consegui me envolver completamente. Acho que deverei estudar mais expressões francesas para poder representá-lo melhor. Algumas vezes, faltaram palavras ou expressões na hora de conversar com as crianças e de expor os livros. Desta forma o encanto e o faz-de-conta se interromperam um pouco e eu me frustrei. Mesmo assim houve um certo envolvimento do grupo. Que bom!

> (...) Na verdade, acho que eu deveria ter representado um pintor espanhol em vez de francês, pois tenho um pouco mais de conhecimento dessa língua e teria sido mais fácil e mais significativo para mim representá-lo. Fiquei me imaginando espanhol, e a identificação pareceu ser bem maior... que pena, o estágio está acabando e esta foi a última visita do Jean Pierre!

Pudemos compreender que a constância dessas atividades relatadas foi constituindo nossa rotina correlacionada com a construção do grupo. A constância não deve estar somente no tempo e no espaço. É necessário que a educadora propicie a constância do lúdico, da brincadeira e da imaginação nas atividades, criando situações e momentos significativos nos quais as crianças construam e apropriem-se desses referenciais, ampliando a compreensão do mundo que as rodeia. A criança não aprende a brincar e a viajar na imaginação num único momento, numa única atividade, mas aprende imitando, repetindo e inventando, criando, assim, novas situações mediante seu olhar e suas vivências.

III ato: O espaço do grupo

A organização do espaço torna-se um importante aspecto a ser pensado e previsto na rotina. O espaço exerce influência no comportamento das pessoas que nele habitam, facilitando certas atividades ou inibindo outras, influenciando as interações entre criança-criança, criança-adulto, criança-objeto, possibilitando ou não autonomia da criança em escolher as atividades que quer realizar, pegar materiais e/ou brinquedos, tomar água, ir ao banheiro.

Então, como garantir uma organização do espaço que possibilite à criança escolher atividades, pegar brinquedos, água... interagir com seus coetâneos e com os objetos, ou seja, como garantir uma organização que ofereça opções para as crianças agirem sem precisar ficar esperando pelo adulto?

Uma boa ideia parece ser a configuração da sala de trabalho em zonas circunscritas. Carvalho e Rubiano (1996, p. 122) comentam que,

> (...) as áreas circunscritas parecem canalizar a corrente de atividade infantil, possibilitando a reapresentação no faz-de-conta de atividades cotidianas como beber, comer, tomar conta do nenê, as quais funcionam como temas conhecidos pelos parceiros, em torno dos quais as crianças mantêm-se associadas, com possibilidade de constituírem-se na e pela interação com outras crianças tão jovens quanto elas.

Nessa perspectiva, começamos a planejar a estruturação da sala por meio dessas áreas delimitadas. Porém, algumas questões surgiram:

Como introduzir esses espaços? Como torná-los significativos para as crianças? Antes de tentarmos responder a essas questões, apresentaremos as histórias dos espaços...

Espaço da transformação

Era uma vez...
Um espelho... que possuía um tapete, um ursão de pelúcia, duas bonecas grandes, almofadas e mesas tão próximas que dificultavam a visita das crianças.
Era um espelho triste.
Sem vida.
Sem movimento.
Sem cor.
Mas um belo dia... a grande mudança...
Primeiro surgiram as maquiagens emprestadas pelo palhaço, enfeitando olhos, boca e bochechas das crianças e transformando-as em engraçados palhaços. Depois apareceu uma tenda de circo supercolorida, que descobrimos ser presente do mágico.
O espelho começou então a criar cor e movimento.
Fantasias, colares, máscaras, bolsas e chapéus vieram como presentes de muitas pessoas e transformaram as crianças em príncipes, princesas, bailarinas, donzelas, homens de bigodes e mulheres produzidas, envolvidas no grande jogo de faz de conta.
As fantasias foram guardadas em um cabideiro. Ele se quebrou. Era muito frágil... Então, ele foi substituído por uma caixa colorida, já conhecida pelas crianças.
A fada Clara também contribuiu para esse espaço, doando uma penteadeira verde que serviu de apoio para escovas, colares, acessórios de cabelo, batons, cremes e perfumes.
Uma divisória com pés de lata e plástico de bolinhas verdes veio delimitar esse espaço.
Com todas essas mudanças, o espelho ficou muito feliz. Colorido, cheio de vida e de emoção. As crianças visitavam-no, fantasiando-se para brincadeiras, desfiles e festas.

O espaço de "cozinhar", "comer" e brincar

Diante da leitura do grupo percebemos grande interesse das crianças em brincar com as loucinhas. Esse interesse aumentou quando as loucinhas foram retiradas de uma caixa e colocadas em uma pequena prateleira mais acessível. Inicialmente com nossas intervenções, as brincadeiras ganharam corpo e enredo, os papéis começaram a ser definidos e as interações, mais significativas. Mas era necessário definir esse espaço de brincadeira.

Um certo dia...
Duas caixas de papelão...
Grude, jornal picado, paciência e empolgação
com a técnica da papietagem, atores e artistas
Transformaram o papelão
Em pia e fogão,
Tornando-se a maior curtição!

Assim, o espaço da casinha se formou com o fogão, a pia, a mesa com cadeiras (da própria sala), a pequena prateleira de loucinhas e, delimitando-o, duas estantes, uma com as bonecas e a outra com livros de histórias, revistas e jogos de encaixe.

A morada das bonecas

A morada das bonecas e dos bichos de pelúcia era composta por duas estantes (uma grande e outra pequena) que ficavam encostadas na parede, tornando-se um lugar pouco atraente para as crianças.

Fazendo parte da organização e da estruturação do espaço da sala, planejamos ressignificá-las. Retiramos as bonecas quebradas e os bichos de pelúcia que estavam em mau estado de conservação, colocando-os em uma única estante, a maior, e na menor foram colocadas as loucinhas.

Ao lado da estante maior, colocamos um colchonete com algumas bonecas dormindo, mamadeiras feitas de tubos de cola colorida e uma caixa com roupinhas de boneca. Por fim, essa estante serviu de delimitação ao espaço da casinha.

As mudanças nesses espaços provocaram mudanças também nas brincadeiras. As crianças foram criando enredos cada vez mais complexos. Colocavam suas "filhinhas" para dormir, trocavam suas roupas e fraldas, davam de mamar no peito e nas mamadeiras, levavam-nas para passear nos demais espaços da sala.

O espaço de cada um

A sala é marcada por diferentes espaços.
Muitos deles são coletivos.
Do grupo.
Mas para construir coletividade é preciso individualidade.
Ter um espaço só meu.
Ter a minha identidade.
A identidade de cada um.
O cabide das mochilas é um desses espaços.
Espaço múltiplo, ao mesmo tempo individual e coletivo.
A criança coloca sua mochila no lugar da sua marca ou símbolo.
Além de auxiliar na construção de sua identidade individual, a criança também obtém segurança e aconchego.
Percebe que aquele ambiente a pertence, que ela faz parte.
Poder alcançar sua mochila com tranquilidade e visualizá-la na sala produz autonomia e confiança.
O elo que se cria entre vir com a mochila para creche e sair voltando para casa com ela assegura-lhe que não será esquecida ou abandonada.
Pois bem, foi isso que fizemos.
Colocamos as mochilas ao alcance das crianças e marcamos os espaços de cada uma com os símbolos que a fada Clara criou.

Por fim, compreendemos que organizar o espaço não é somente colocar em ordem os móveis e selecionar objetos. Vai além. Significa a melhor maneira de se encontrar e de se sentir presente e parte dele, organizando-o de acordo com as necessidades e possibilidades. O espaço pressupõe ações, objetivos e intencionalidades. Isso exprime e constrói identidades, desejos, jeitos de ser e comportamentos.

IV ato: Imaginação e criação

Imaginar é preciso.
Assim como criar.

Imaginar é uma ação
que deve ser constante
na educação,
assim como a criação.

Imaginação e criação
são irmãs.
Almas gêmeas
que caminham juntas
na fantasia,
na alegria,
na energia.

Imaginar e criar
personagens encantados
e viver com eles...
Fadas bondosas.
Palhaços coloridos.
Bruxas terríveis.
Grandes pintores.
Jacaré sem dentes.
Enriquecendo...
a mente,
o sorriso,
o sonho,
a brincadeira.
Eis a grande magia.
Sim-salabim-bim-bim
transformando todos os
desejos em realidade!

Pintando e desenhando
em diferentes papéis,
com diferentes formas,
com diferentes tintas.

A cada obra-prima
uma exposição,
uma exclamação,
a valorização!

Como é bom ver
todos juntos,
todos fortes e bravos,
todos no mesmo barco,
sem nada a temer.
Do seu lado há um amigo
que é preciso proteger...

Mas imaginar e criar
pode se tornar difícil...
Existem o medo, a insegurança, a incerteza.
Não se deixe abater!
Esses sentimentos podem pintar.
Siga em frente!
Respire fundo...
Feche os olhos...
Tente voar...

Deixe-se envolver...
Você vai ver
a mudança...
o pulsar da vida...
a dança...
a magia...
acontecendo todo dia.

Criar é preciso
assim como imaginar...
É só experimentar!!!

Bibliografia

CARVALHO, M.I.C. e RUBIANO, M.R.B. "Organização do espaço em instituições pré-escolares". *In*: OLIVEIRA, Z.M. (org.). *Educação infantil: Muitos olhares*. 3ª ed. São Paulo: Cortez, 1996.

CATTO, Ângela R.K.S. "Processo de construção do grupo". Florianópolis, 1997 (mimeo.).

CATTO, Ângela R.K.S. e SILVA, Samantha F. da. "Dos 'power rangers' aos seres encantados: Um passeio pelo mundo do faz-de-conta com crianças de 2 anos e meio a 3 anos e meio". Florianópolis, UFSC/CED/Curso de Pedagogia, 1997 (relatório de estágio).

CATTO, Ângela R.K.S. *et alii*. "A construção da identidade individual e coletiva: Um importante processo à educação infantil". Florianópolis, UFSC/CED/ Curso de Pedagogia, 1997 (projeto de estágio).

FREIRE, Madalena. "Dois olhares ao espaço-ação na pré-escola". *In*: MORAIS, Regis (org.). *Sala de aula: Que espaço é esse?* Campinas: Papirus, 1986.

_______. "Aspectos pedagógicos do construtivismo pós-piagetiano – II". *In*: GROSSI, E.P. e BORDIN, J. (orgs.). *Construtivismo pós-piagetiano*. Petrópolis: Vozes, 1993, pp. 12-167.

OLIVEIRA, Z.M. *et al. Creches: Criança, faz-de-conta & cia*. 3ª ed. Petrópolis: Vozes, 1992.

SILVA, Samantha F. da. "Para que o grupo..." Florianópolis, 1997 (mimeo.).

WARSCHAUER, Cecília. *A roda e o registro, uma parceria entre professor, aluno e conhecimento*. Rio de Janeiro: Paz e Terra, 1993, pp. 46-69.

8
ERA UMA VEZ... CRIANÇAS, COBRAS, BRUXAS E HISTÓRIAS DE ENCANTAMENTO

Experiência de estágio
com crianças de três anos e
meio a quatro anos e meio

Concília Araújo
Kátia Bernadeth da Silva

Era uma vez um grupão... Que na verdade era uma instituição de educação infantil da rede municipal de ensino, da cidade de Florianópolis. Lá são atendidas 98 crianças, cuja faixa etária varia entre três meses e seis anos.

Nessa instituição trabalham 37 profissionais divididos entre: direção, professores auxiliares de sala, professores de educação física, auxiliares de ensino, merendeiras, auxiliares operacionais, auxiliares de serviços gerais e vigias.

Sua localização, um tanto quanto privilegiada, ocupa uma área ampla, calma, aberta, arejada, com um bom espaço interno e externo, na parte continental da cidade.

Essa instituição estava lá, quieta no seu lugar, com suas histórias, seu cotidiano.

Até que...

Entraram em seu caminho, oito meninas – oito estagiárias, que faziam parte de uma outra instituição e frequentavam nesta um curso: o de Pedagogia (habilitação pré-escolar), que esboçava uma nova proposta de estágio. Nessa proposta, o estágio curricular passa a ser compreendido como um momento de especial compromisso com as instituições de educação infantil públicas, com seus profissionais e com as crianças que as frequentam. Por isso mesmo, um momento de troca de experiências e interlocuções.

Num primeiro momento o trabalho na instituição/grupão foi de observação e elaboração de um projeto de estágio que seria referência para nossa atuação na creche. Com o título "A construção da identidade individual e coletiva: Um importante processo à educação infantil", procurávamos por meio dele problematizar e buscar alternativas para esse importante processo que é a formação do grupo em instituições educativas.

O projeto foi elaborado pelas oito estagiárias, que buscaram, pesquisaram, observaram, dialogaram, registraram e, quando entraram na sala de trabalho, separaram-se, cada qual indo em busca de uma aventura com diferentes grupos. Cada dupla foi coordenar uma turma específica de crianças: Maternal I (um ano e meio a dois anos e meio), Maternal II (dois anos e meio a três anos e meio), 1º período (três anos e meio a quatro anos e meio), 2º período (quatro anos e meio a cinco anos e meio), todos grupos da instituição que se tornou palco de um grande espetáculo.

> Foi uma aventura!
> De contar, sonhar, desenhar, brincar, representar...
> De nossos medos desmistificar,
> de nosso papel como educadoras refletir,
> de tentar, de errar e acertar
> de com muitas crianças interagir...

Foi um verdadeiro espetáculo!
Com cenários previamente montados.
Com diversos artistas, que participaram direta e indiretamente.
Com guarda-roupa criteriosamente escolhido.
Com um ousado roteiro.

Com vozes afinadas e cenas a cada ato sendo montadas, lá fomos nós, viver o encantamento da educação de crianças pequenas! Lá fomos nós, enfrentar o medo e o prazer de se fazer educadora no grupo.

Muitas foram as vivências.
Muitas são as histórias.
Aqui, procuramos resgatar as aventuras que fizeram parte do espetáculo construído com uma turma em especial, o 1º período. E este é o espetáculo que iremos narrar: o resgate dessas aventuras.

Luz. Câmeras. Ação...
As cortinas se abrirão.
O espetáculo vai continuar.

As crianças do 1º período: Grandes atores!

O grupo chamado 1º período era composto por 20 crianças, 11 meninas e 9 meninos (com faixa etária entre 3 anos e meio e 4 anos e meio) e duas educadoras. A turma mostrou-se um pouco tímida num primeiro contato, mas, no decorrer do processo, revelou-se a maior animação, um sucesso!

Dia a dia tornava-se um grupo:
na cumplicidade, na criatividade,
na empolgação e na diversão.
Com expectativas, palpitações e sugestões.
Um grupo que adorava se maquiar... se fantasiar.
Brincar e interessantes histórias narrar e registrar.
Falando, cantando, pintando, era muito significativa a produção.
Ingrediente principal: imaginação.

À medida que conhecíamos a turma,
nos espaços internos e externos da creche,
nossas vivências foram sendo muito significativas,
intensamente vividas.

No pátio, no mundo do faz de conta entramos
e por diversas vezes nos transformamos.
Fomos sapos,
tubarões e pererecas.
Atravessamos pontes...
Fomos a festas...
E nos tornamos grandes atletas.
Correndo, pulando,
subindo,
buscando equilíbrio.
E nunca desanimando.
Fizemos cabaninhas...
montamos novas casinhas
passeamos de trem, ônibus e avião.

Dando asas à imaginação.
Visitamos castelos...
Fomos vampiros,
piratas, fadas,
ciganas,
e até Lordanas!
Fomos papais,
mamães, filhinhos
e também cachorrinhos.
Com imaginação e parceria,
sem medo de tentar.
Montamos também o canto da fantasia.
Que nos proporcionou muita alegria.
Até o final de nossa estadia.

Na roda, crescendo com o grupo

Foi nos momentos de roda que o grupo se constituiu como tal.

Nela aprendemos:
a falar, a ouvir
e a nos desinibir.
No começo eram bocas fechadas,
olhares atentos.
Tumulto!
Confusão!
Que aprovação! (E medão!)

Em meio a:
"Eu quero falar!"
"Não pode falar junto."
"Eu não falei!!",
a roda foi se tornando, no dia a dia de nossa coordenação, uma grande atração, proporcionando a formação e a fortificação do grupo.

Eram caixas-surpresa...
Suspense,
alegria,
muita melodia.
Era curtição.
Tinha muita animação.

Conseguimos:
falar,
nos expressar e...
nos soltar.
Ah! Como era gostoso ver:
olhos brilharem...
dedos levantarem...
corpos se movimentarem...
com sintonia e coragem,
criando elos de parceria.

Com a alegria,
com a fantasia,
com a magia,
vivemos...
Situações significativas?
Ou significativas situações?
Em todas as ocasiões!

Tantas marcas!
Tantas recordações!
Vai ser difícil esquecer nossas rodas
e suas implicações.
Conversamos,
brincamos
e nos deliciamos.

O momento da roda
trouxe grandes revelações.
Crianças que pouco falavam,
depois de alguns encontros,
como se expressavam!

Teve registro,
explicações
e muita troca de informação.
Foi um "momentão"!
que envolveu todo o grupão!
Quantas felicidades...
Que saudades!

As leituras do grupo que realizamos na roda proporcionaram-nos muitas reflexões acerca de nossa postura como educadoras e coordenadores de momentos de roda. A cada encontro percebíamos que em alguns momentos precisávamos só ouvir, em outros só observar, em diversos só falar e em alguns só organizar. Precisávamos ser a autoridade sem sermos autoritárias. E o momento da roda nos mostrou que quando o professor assume seu papel enquanto autoridade, mas o faz sem comprometer a atitude participativa, permite as mesmas atitudes dos alunos (sendo eles adultos ou crianças) e o convite ao diálogo é aberto a eles, para expressarem suas próprias experiências significativas. (Warschauer 1993, p. 55)

Era uma vez... (outra vez!) cobras e bruxas

Celeste, a nossa amiga cobra

Tudo começou quando, nos primeiros ensaios de nossa atuação direta com as crianças – a coordenação participativa –, trouxemos para a sala de trabalho uma cobra (enorme!) de pano, confeccionada com o intuito de delimitar e reorganizar o espaço da roda.

Essa personagem teve uma grande aceitação pelo grupo e, logo nos primeiros minutos de contato, foi a sensação! O carinho e a dedicação que as crianças tiveram com ela foram apaixonantes e sua repercussão no grupo foi impressionante: "Celeste pode ser o nome dela." "Isso! Celeste! Aquela do *Castelo Rá-Tim-Bum*!"

Pronto, a cobra já estava batizada! Seu nome veio repleto de implicações para a continuação de nosso trabalho, pois foi observando as manifestações das crianças que pudemos perceber um núcleo de conhecimentos, interesses, desejos e fantasias que poderiam nos ajudar a elaborar nosso planejamento. É mesmo incrível perceber quanto pode ser ampliado e enriquecido o trabalho do educador quando ele "dá ouvidos" às crianças.

Vejam só: quando confeccionamos a cobra que virou Celeste, nossa intenção era delimitar o espaço e reorganizar a roda, como já mencionamos. Só que, nas relações com o grupo, Celeste superou as expectativas.

Conseguimos com sua ajuda efetivar o momento da roda como o momento do grupo por excelência. Como a cobra de pano era grande, dava espaço para todos sentarem nela. É impossível descrever a curtição. A Celeste foi acolhedora e as crianças realmente se apropriaram dessa cobra, simples, desajeitada, mas gostosa e simpática.

Certo dia, lá veio reclamação!

"Sabias que a Duda levou a Celeste pra rua?", "E que o Rafael pisou bem forte na Celeste?", "Colocaram até areia nela..." Então, a nossa Celeste virou tema. Sentamos na roda e, depois de conversarmos muito, combinamos como seria a nossa relação com ela. Fizemos um pequeno cartaz com as sugestões das crianças:

- não pode pisar na Celeste;
- não pode levar para a rua;
- não pode puxar a Celeste;
- não pode rasgar o corpo dela.

A partir dessas combinações a relação com a Celeste mudou e o "cuidado" com ela passou a ser geral. Cada vez que alguém "infringia" as combinações, o grupo tratava de lembrá-lo.

Aproveitando o envolvimento das crianças com esse personagem levamos para sala de trabalho o livro *As fofocas da Celeste* (Sousa 1996). As interações a partir de diálogos sobre os personagens do *Castelo Rá-Tim-Bum*,[1] que ilustravam a capa do livro, eram intensas e riquíssimas: "Olha a caipora-pora!" "O doutor Vitor!" "O abobrinha faz maldade e..."

Num clima descontraído e gostoso, contamos uma parte da história deixando sua continuação para um outro dia. O livro era um pouco extenso e, depois de algumas páginas, teve que dividir espaço com as conversas a respeito dos episódios do programa da TV que as crianças estabeleciam. O grupo era mesmo ligado no *Castelo Rá-Tim-Bum*! Ideia: não seria interessante mergulhar mais fundo nesse mundo encantado chamado *Castelo Rá-Tim-Bum*? Muito interessante!

1. Série televisiva, produzida pela TV Cultura de São Paulo.

Elaboramos, então, nosso projeto de trabalho, dando-lhe o título: "Rá-Tim-Bum-Bum, o nosso Castelo", tentando resgatar e extrapolar o vivido até aquele momento.

Celeste foi a precursora do nosso planejamento, pois foi por intermédio das relações significativas que estabelecemos com ela que tudo começou. Mas Celeste ainda não estava completa. As crianças nos cobravam constantemente para que fizéssemos braços, pernas e uma cabeça para a cobra.

No dia combinado, escolhemos os olhos, o tecido para a cabeça e picamos esponja para encher os braços e as pernas. Mas quando começamos a costurar a cabeça... "Cuidado!", "Devagar, tá saindo sangue!", "Não vai furar ela!" ... eram as falas das crianças. Era como se realmente ela tivesse vida! Foi uma emocionante experiência que se repetiu quando fizemos um novo corpo para Celeste. E isso é outra história que merece ser contada.

O corpo de Celeste estava muito surrado e esteticamente ela não era muito bonita, já que fora feita com restos de retalhos doados. Na verdade, não esperávamos que a cobrinha tivesse a repercussão que teve, por isso não tivemos preocupação estética quando a confeccionamos. Então, resolvemos fazer um novo corpo para ela.

Como iríamos fazer? Como poderíamos trocar o velho corpo pelo novo? Sumir com o velho? Não poderia ser um sumiço qualquer, sem planejamento. Era preciso emoção. Refletimos, trocamos ideias, planejamos e colocamos em prática o seguinte: resolvemos que iríamos mudar totalmente o seu visual. Compramos um tecido rosinha para o novo corpo da cobra, já que a Celeste do *Castelo Rá-Tim-Bum* também é rosa.

Sobre isso, aliás, é interessante destacar que, numa reflexão posterior a todo o processo, percebemos que a referência da cor da nossa Celeste com a do *Castelo Rá-Tim-Bum* nem precisaria ter sido feita, pois a primeira Celeste visualmente não se identificava em nada com a Celeste do *Castelo*, mas era como se fosse a própria, tanto para as crianças quanto para nós.

Para tirar a cobra da sala sem que as crianças percebessem, pedimos para as educadoras de nosso grupo esconderem a Celeste durante o período matutino (nosso estágio era no período vespertino). Assim, quando nós chegássemos poderíamos analisar a repercussão do seu sumiço.

Pois bem! Como o sumiço da velha Celeste foi especial, a "aparição" da nova também deveria ser. Para nos ajudar, convidamos uma outra personagem também muito especial àquele grupo – Lordana, a bruxa.[2] Com ela saímos pela creche à procura de Celeste.

Começamos pelo Maternal II. Chegando lá, perguntamos se tinham visto uma cobra, a Celeste, e todos disseram que não, que ali só havia um jacaré. No Maternal I não havia ninguém. Na cozinha a Celeste também não estava. No 2º período disseram que ali a Celeste não estava e que se por acaso nós a achássemos era para avisá-los. Seguimos mais um pouco e fomos até a secretaria da creche. Lá estava a Celeste, novinha...

"Ela é linda!", "Que linda!", "Olha a pele dela aqui..." Além das falas, os olhares. Ah! Os olhares... Eram mágicos. Expressavam admiração, alívio, carinho e muito mais. Após compartilharmos nossas emoções, seguimos para nossa sala de trabalho e fomos inaugurar a Celeste novinha. Sentamos e conversamos muito sobre diversos assuntos, inclusive sobre o fato de que realmente as cobras mudam de pele...

Mas essa história ainda não acabou. Com o término de nossa coordenação, ao final do estágio, pensamos em presentear as crianças que tanto tinham nos presenteado naquele período. O grupo nos presenteou dia após dia, com olhares, beijos, abraços, afagos, aprovações, indagações e muitas, muitas emoções. Então, decidimos que Celeste teria uma cria e daria um filhotinho a cada criança.

Marcamos o dia do parto. Sentamos na roda e, num clima gostoso de expectativa e suspense, todos fecharam os olhos e contaram: Um... dois... três e... o saco-surpresa se abriu! As Celestinhas

---

2. Você terá mais detalhes deste personagem no item a seguir.

foram saindo, as crianças, eufóricas, encantadas. Foi um momento indescritível. Sensacional! A partir daquele dia cada criança tinha literalmente um pedacinho da Celeste em sua casa. Os pais se admiravam com o carinho que as crianças tinham pelas cobrinhas: "Meu filho a guarda em cima da cama", "Ele dorme com ela", "Minha filha estava preocupada com o nome que daria a ela e como faria quando ela crescesse..." Com certeza tivemos em Celeste uma grande aliada para nossa aventura. A ela juntou-se nossa também amiga bruxa.

Lordana: Um mergulho no faz de conta

Em busca da fortificação de nossas vivências significativas a respeito do "Castelo Rá-Tim-Bum" e seus personagens, trouxemos para a nossa sala de trabalho Lordana, uma bruxa prima de Morgana, a bruxa personagem do "Castelo Rá-Tim-Bum" (Muylaert 1996).

Para sua primeira visita foi criado um clima de suspense e empolgação. Inventamos até uma bola de cristal imaginária, por meio da qual nos comunicávamos com Morgana para saber quais surpresas ela nos mandaria ou, mais tarde, para saber notícias de Lordana.

A bola de cristal
foi a sensação,
e como deu asas à imaginação.

O dia de Lordana nos visitar chegou.
Voando, de muito longe,
na creche aterrissou.
Abriu a porta, espiou:
Gritos!
Choros!
Fortes abraços!
Olhares vibrantes!
Que emocionante!

Quando pra valer na sala entrou
e na roda se sentou...

Cri.: "Ela é a Concília."
Lor.: "Concília? Quem é esta?"
Cri.: "A amiga da Kátia."
Cri.: "Aquela de trancinha."
Lor.: "Não, eu sou a Lordana, a prima de Morgana, aquela do *Castelo Rá-Tim-Bum*. Vocês conhecem o *Castelo*?"
Cri.: "Conhecemos."
Lor.: "Olha a Celeste do *Castelo*!"
Cri.: "Ah, é a Concília sim!"
Cri.: "Unhas de bruxa são grandes, pretas..."
Cri.: "Tens verruga! Então és bruxa."
Lor.: "Ah! O Nino... me ensinou um desenho mágico, vamos fazer?"
Cri.: "Vamos!!"

Todos de acordo, preparamos as mesas e começamos. Na primeira parte do desenho usamos somente guache branco e o dedo indicador. Quando acabamos essa etapa, deixamos o desenho sobre a mesa para que secasse. E quando secou passamos para a segunda parte do desenho que Nino nos ensinou. Disse então Lordana: "Vamos usar agora somente a tinta preta e cobrir todo o desenho." Rapidamente as crianças o fizeram, já que a bruxa fizera uma mágica e transformara todos os dedinhos em pincéis...

Foi um momento muito divertido, mágico.
Parecia que os dedos viraram pincéis mesmo.

"Meu dedo virou pincel!",
"Opa! Não pode dobrar!",
"Uma linda pintura vou realizar."

Foram momentos apaixonantes.
E o dia seguinte foi desconcertante.
Quando chegamos, nem precisamos o grupo chamar...

Na roda já estavam a nos esperar.
Era muita, muita empolgação.
Tivemos que combinar de levantar o dedo quem quisesse falar
para podermos nos organizar.
Todos queriam contar as surpresas do dia anterior:

"Ela veio de vassoura!",
"Ela fez mágica para transformar nossos dedos em pincel!",
"Ela fez mágica para abrir a bolsa que não abria!",
"Ela ensinou o desenho que o Nino ensinou para ela!"

Foi incrível, eles lembravam de tudo! As falas se completavam, todos queriam falar. Até aquelas crianças que na roda pouco falavam queriam contar a visita da Lordana. Foi *a* roda!

Lordana...
Puxa, ela era uma bruxa!
Boazinha ou má?
Foi preciso desvendar.
Ela fez aflorar o faz de conta
E a imaginação
Que curtição!
Fazer desenhos...
Ouvir histórias...
Encher balões...
Era muita diversão!
Até o sumiço de Celeste
Ela desvendou.
Tchau, amiga!

Histórias e contos no cotidiano: Procurando o encantamento

Quando a primeira história para o grupo tivemos que contar...
Deu preocupação...
Deu frustração...
E muita indignação.

Não sabíamos o que fazer nem como fazer.
Livros? Figuras no palito? Fantoches?
Caixas que contam contos?
Dúvidas, dúvidas...
Certeza tínhamos somente a de que novamente deparávamos
com uma lacuna de nossa formação.
Outras certezas não tínhamos. Muito pouco nossa formação
falou da arte de contar histórias.
Mas no meio acadêmico, ouvíamos falar
da importância de formar leitores.
Mas o que seria formar leitores?
Seria um discurso abrangente?
Ou esse discurso serviria como pano de fundo
para que os acadêmicos lessem os textos pelos professores indicados?
Talvez, talvez.

Inúmeras foram as vezes em que ouvimos discursos condizentes com o de Fanny Abramovich (1991, p. 16) quando diz: "Ah, como é importante para a formação de qualquer criança ouvir muitas e muitas histórias... Escutá-las é o início da aprendizagem para ser um leitor, e ser leitor é ter um caminho absolutamente infinito de descobertas e compreensão do mundo."

Mas como fazer?
Por onde começar?
Se teoricamente nossos conhecimentos não davam conta dessa questão,
fomos buscar na prática algumas indicações.
A cada encontro, a cada história, a cada conto,
buscávamos no grupo de crianças dicas de *encantamento*.
Quais eram seus interesses, desejos, gostos?
Que história ou contos poderíamos escolher?
Qual a melhor maneira de fazer?
Segurar o livro?
Colocá-lo no chão?
Recorrer a outros recursos?
O maior recurso: experimentar e observar as crianças.

As leituras do grupo indicavam que era preciso
haver suspense e empolgação.
Este era o ingrediente principal: o suspense.
A partir dele as crianças entravam no mundo mágico das histórias.
E foram muitas, de muitos estilos...
A bruxa Salomé, As fofocas da Celeste, O siri Rafael,
As memórias da Morgana, A joaninha diferente, A bela adormecida,
Uma bela cantoria, O soldadinho de chumbo, A casa sonolenta...
Contadas de muitos jeitos, até que "pegamos" jeito...

Percebíamos que as crianças realmente se envolviam com as histórias e nelas buscavam elementos para enriquecer ainda mais seu imaginário, bem como novos subsídios para suas brincadeiras.

Ao tentarmos enriquecer o mundo do faz de conta, tornamos os livros infantis nossos aliados, redimensionando nosso olhar sobre o cotidiano infantil. A história possibilitou às crianças infinitas sensações e representações, nas brincadeiras, nos gestos, nas falas, nas expressões na hora de recontá-las ou vivenciá-las. Nas histórias o grupo viajava e se deliciava. Quando as crianças iam recontar as histórias, elas deixavam a imaginação aflorar. Contavam com muita fidelidade à história original, ou liam o que as ilustrações contavam, ou recorriam ao que lembravam do momento em que contamos. Não é raro nós, educadores, não nos atentarmos para esses aspectos. Então tentamos "didatizar" o uso das histórias e dos contos, estabelecendo práticas nas quais se contam histórias para desenhar, ou para introduzir este ou aquele assunto, bem como para moralizar alguma situação.

Ao contrário, aprendemos com as crianças que as histórias devem ser o atrativo, o prazer e não um pretexto para o que virá depois. Nelas poderemos buscar subsídios para estruturar nossa prática pedagógica, sempre buscando o encantamento.

Entre cobras, bruxas e histórias... um boi de mamão

No cotidiano da creche
em busca de identidade coletiva
vivemos momentos de participação ativa.
Os grupos se encontravam somando emoções...
Eram várias palpitações.
Quanto barulho!
Quanta agitação!
Vamos, agora, conhecer o boi de mamão (lá vem história!).

O grupo do Maternal I confeccionou personagens do boi de mamão, como a Maricota, cavalinhos, bois e bernunças. Sabíamos que esses personagens causariam fascinação ao nosso grupo, então... Pedimos emprestado![3]

E lá veio, pra nossa sala, o boi de mamão!
Mas não foi só isso não. Teve primeiro a televisão.
Uma fita de vídeo, onde o boi fez breve aparição.
Depois, na roda, uma caixa-surpresa...
Alguém tem uma sugestão? O que poderá ser?

"É Maricota?",
"É bernunça?",
"É maquiagem?",
"É roupa?"

Aquele suspense!
Aquela agitação!
"Abre logo a caixa!"
Ah! Duas bernunças...
Alvoroço, bate coração!
Brincando aqui e acolá,
outros bichos começaram a chegar.
"Vem boi, cavalinho vem"...
E a cabrinha tinha também...

3. Para mais detalhes sobre a experiência com o boi de mamão, ver "'Alevanta, boi dourado, alevanta devagar': Meninos e meninas brincando com o boi de mamão, fazendo-se grupo", neste volume.

As crianças se envolvendo,
pegaram os bichos,
iam pra lá e pra cá, brincando livremente pela sala.
Era preciso organizar.
Senão, não saía dança e confusão iria dar.
"Por que não organizar a dança?" (sugeriu Luciana).
"Uma apresentação?"
"Pode ser! Uma festança!"
Boi chegando...
Boi morrendo...
Cantamos, dançamos,
e de personagens trocamos,
e com o boi nos deliciamos.
Teve médico, teve brincadeira.
Ao Maternal agradecemos a gentileza.

É o fim? Novos espetáculos virão...

Nosso estágio foi marcado pelo experimentar.
Experimentar.
Se fantasiar,
planejar,
registrar,
conviver com as crianças,
Se envolver.

Foi uma experiência
com muito cantar e contar.
De se maquiar
e se transformar.

No mundo da fantasia mergulhamos
e com novos olhares ao cotidiano
infantil nos reportamos.

Foi muito bom esse período de nossa formação viver,
e com tanta gente, se envolver.
O melhor ainda foi percebermos que iniciamos,
com o fim do estágio, um novo atuar.
Sem medo de ousar.
Na certeza de novos espetáculos encenarmos.

É como aprendemos com Cecília:
"A cortina se fecha, em seguida ouvem-se aplausos
e na alegria e na força desses aplausos,
a possibilidade de mil outras obras serem encenadas." (Warschauer 1993)

Bibliografia

ABRAMOVICH, Fanny. *Literatura infantil: Gostosuras e bobices.* São Paulo: Scipione, 1991.

ARAÚJO, Concília e SILVA, Katia B. da. "Um mergulho ao mundo do faz-de-conta: A gratificante experiência junto ao grupo do 1º período". Florianópolis, UFSC-CED-Curso de Pedagogia, 1997 (Relatório de estágio).

ARAÚJO, Concília *et alii*. "A construção da identidade individual e coletiva: Um importante processo à educação infantil". Florianópolis, UFSC-CED-Curso de Pedagogia, 1997 (Projeto de estágio).

CAVALCANTI, Zélia. (coord.). *A história de uma classe.* Porto Alegre: Artes Médicas, 1996.

MUYLAERT, Anna. *As memórias de Morgana.* São Paulo: Companhia das Letrinhas-Rede Cultura, 1996 (Coleção Castelo Rá-Tim-Bum).

SOUSA, Flávio de. *As fofocas da Celeste.* São Paulo: Companhia das Letrinhas-Rede Cultura, 1996 (Coleção Castelo Rá-Tim-Bum).

WARSCHAUER, Cecília. *A roda e o registro.* Rio de Janeiro: Paz e Terra, 1993.

9

OUVINDO E FAZENDO HISTÓRIAS

Experiência de estágio com crianças de quatro anos e meio a cinco anos e meio

Cristiane Vignardi
Mariza Hubert Domingues

Certo dia, duas estagiárias, no final de uma longa caminhada de estudos, chegaram à Creche Dona Cota, em Florianópolis-SC, com vontade de pensar e fazer muitas histórias com as crianças que lá passavam seus dias.

Assim que chegaram, perceberam que havia espaço para a realização de seus projetos. A creche foi muito receptiva. A partir do primeiro contato, inúmeras oportunidades foram surgindo e eis que puderam compartilhar momentos de alegria, tristeza, conflito, descoberta, trocas com todo o grupo da instituição e em especial com a turma do 2º período.

Com "sede" de crescer, estagiárias e crianças se envolviam cada vez mais, vivenciando situações significativas, as quais contribuíram para a construção de uma identidade coletiva. Em muitos desses momentos, recheados de fantasia, todos buscavam, no imaginário, ingredientes para uma nova aventura a ser vivida.

Era uma vez...

Era uma vez...
Assim vai começar
Baú – presente de bruxa
Lugar onde tudo guardar.

Reis e rainhas
Príncipes e princesas
Habitam os castelos
Que vamos desvendar.
Carta vai, carta vem
Será que um dia chegará alguém?

Contos de fadas
Pura magia
Papéis coloridos
Arco-íris de alegria
Vamos pintar
O amigo da sua simpatia?

Na ciranda das histórias
Viajar...
Imaginar...
Criar...
E através do registro
Nossas memórias contar.

Venha! Embarque conosco neste "livro" de memórias.
Deixe-se levar pela fantasia
E verá como as coisas podem ser belas, cheias de magia.

Um retrato do grupo

No cotidiano, encontravam-se 25 crianças, com idade entre 4 anos e meio e 5 anos e meio, formando a turma chamada de 2º período.

A convivência do grupo era marcada por curiosidade, descobertas, mudanças constantes e muita, muita vontade de se expressarem (quantas vezes, que gritaria!), de se afirmarem como sujeitos ("Isto é meu!", "Eu quero!"), de se conhecerem e conhecerem o outro ("Ah! Vamos namorar?"), e de verdadeiramente se fazerem grupo.

No processo de construção do grupo, nas tentativas de se fazerem sujeitos, impossível não contarmos com atropelos, conflitos, disputas. Do mesmo modo, evidenciavam-se o carinho e a amizade, presentes na cumplicidade crescente: buscavam formas de organização de suas brincadeiras com autonomia.

Cada criança, à sua maneira, fazia-se presente, atuante, vibrante. No dia a dia o grupo deixava-se desorganizar, reconstruindo-se a cada passo orientado, a cada situação proposta. Havia movimento, envolvimento, entrega, doação. E quanta agitação! Era evidente: todos queriam buscar-se, achar-se, conhecer-se, marcando o ritmo, o tempo para que cada um e todos tivessem lugar e vez.

Nossa primeira meta: descobrir o que mobilizava esse grupo, qual o fio condutor que poderia ser tomado para o trabalho a ser desenvolvido com as crianças. Observando, lendo e analisando o cotidiano, surgiram ideias para irmos trabalhando. Lá estavam: curiosidade, ansiedade, euforia. Então, demos asas à imaginação e formulamos um convite. Vamos escutar uma história? Por meio dos contos, da fantasia, onde poderemos chegar? Vamos caminhar juntos, desvendando mundos e mistérios? Vem pra roda, vai começar!

Elas eram agitadas, mas, na hora da história, os olhos vidravam, a atenção era total, impressionante! Pretendíamos, por meio da leitura dos contos de fadas e das histórias em geral, que eram contadas e narradas na roda, relembrar fatos históricos, ampliando o conhecimento das crianças, assim como enriquecer seu repertório para as brincadeiras de faz de conta. Acreditávamos que o grupo queria e necessitava viajar no mundo das mais diversas histórias.

Experimentamos diferentes formas de contar e utilizamos textos variados, como literatura infanto-juvenil, contos de fadas, poesias, parlendas, trava-línguas. A cada história criávamos algo. Variávamos a posição das crianças quando ouviam histórias: sentadas em círculo, caminhando, deitadas no tapete ou nos colchonetes. Mudávamos o ambiente: claro, escuro, com ou sem cenário, de forma que criasse expectativa e também complementasse o enredo da história.

Essas variações, com criatividade e ousadia, mostraram-nos que as crianças se concentravam ainda mais nos momentos de histórias e experimentavam um prazer inigualável. Descobrimos, então, que este deve ser o principal objetivo de se contar histórias para as crianças: proporcionar o prazer e a possibilidade de viajar no encanto dos enredos.

Sobre isso, podemos afirmar que vivemos nesse processo experiências com a leitura de histórias que foram gratificantes e desafiadoras, tanto para nós como para as crianças. Na prática, fomos compreendendo que diversos tipos de textos, quando apresentados às crianças, contribuem também para o contato com a escrita, bem como para que percebam sua função social.

Assim, além de garantir o prazer de ouvir um conto, realizamos outras propostas: escrevemos cartas para o grupo vizinho da sala e elaboramos um álbum de fotos e preferências do grupo. As oportunidades foram surgindo e cada vez mais compartilhávamos situações significativas, as quais contribuíram consideravelmente para a ampliação dos conhecimentos do grupo.

Interpretar a leitura, criar uma nova história com os mesmos personagens, inventar um novo final para a história, criar um novo título, dramatizar a história foram atividades que desafiaram o imaginário das crianças, estimulando sua criatividade.

A seguir, apresentaremos alguns dos momentos mais significativos compartilhados a partir da narração de histórias.

Reis e rainhas

Como num passe de mágica, fomos transportados para muitos e muitos anos atrás. Lá havia muita coisa legal para aprender. Será que teríamos tempo para vivenciar tantas informações e momentos tão significativos com o grupo? Começamos nossa viagem no tempo... E o momento pedia uma história.

Contamos "O rei bigodeira e sua banheira", de Audrey Wood. O enredo era muito rico. Por meio dessa história as crianças puderam conhecer alguns costumes de época, algumas roupas, construções e chegar mais perto de personagens tão especiais para elas, como o rei e a rainha. As crianças interessaram-se e transportaram-se para o mundo da fantasia, animando-nos e empolgando-nos a pesquisar, buscar e conhecer junto com elas.

Depois disso, num outro dia trouxemos um livro que não contava propriamente uma história, mas trazia inúmeras informações sobre o "tempo dos castelos".[1] Em roda, sentado no tapete, no canto da leitura, o grupo muito atento e curioso nos escutava. Buscávamos mesclar história, figuras e comentários, fazendo comparações entre passado e presente. E depois?

1. *A vida nos castelos*. Editora Maltese, 1987 (Coleção Primeira Enciclopédia).

Entrando num castelo...
O que vamos encontrar?
Salas, salões
Quartinhos e quartões.

Quando chega a noite
Como vamos enxergar?
A vela e a lamparina
É que vão nos iluminar.

No sol, vamos brincar
Peteca, cabra-cega, amarelinha
Ou simplesmente pega-pega?

Agora é sério!
Para o pintor vamos posar
Não pode rir, nem bagunçar
Para a pintura não estragar.

Bem-vestidos temos que estar
Vestido rodado
Para o príncipe encantado
O baile no castelo vai começar.

Soldados a guardar
Princesa na torre
Bruxa a rondar
Não chore, menina
Que o príncipe irá lhe salvar.

A partir dessas histórias pudemos viver e construir a nossa própria história. Na continuidade, confeccionamos com as crianças coroas com papel dourado e capas de crepom, que foram utilizadas para a caracterização dos meninos. Já as meninas se encantaram com os vestidos[2] que lembravam os da época estudada, completando a fantasia com maquia-

2. Esses vestidos foram trazidos por nós e ficaram por um tempo determinado na sala, no "canto da fantasia", ao alcance das crianças.

gens e bijuterias, além da indispensável coroa. Com as fantasias prontas, maravilhados, saíram caracterizados para o pátio, onde compartilharam com as demais crianças da creche aquele momento encantado.

Durante todas as situações o grupo pareceu mais unido. Não houve brigas, nem disputas, cada um assumia um papel: rei, rainha, príncipe, princesa... e, antes que o encanto se acabasse, trataram de sonhar.

Envolvidos nesse sonho
Um convite recebemos
Para no castelo do rei irmos jantar
Chegando lá
Pela porta do castelo[3] *tivemos que passar*
Mesa posta, comida gostosa
Que história maravilhosa!

Compartilhando medos

As histórias, quando contadas e ouvidas, especialmente pelas crianças, são prazerosas e necessárias. No cotidiano educativo, é fundamental que se criem novas maneiras de contá-las. Aqui temos uma experiência. Certo dia contamos a história "Medo do escuro", de Antonio Carlos Pacheco, mexendo com as emoções das crianças. Organizamos o espaço da sala com as cortinas fechadas e as luzes apagadas e estendemos os colchonetes pelo chão para as crianças deitarem. Os personagens da história foram confeccionados em material brilhante e colorido, ganhando vida. Colados na parede, no desenrolar da história íamos projetando um foco de luz (de uma lanterna) em cada figura. As crianças vibraram! Ao final, algumas quiseram recontar a história, pelo interesse, pela visualização dos personagens e pela grande novidade: a lanterna.

3. Transformamos a sala num castelo de faz de conta, com entrada e tudo! A frente do castelo foi confeccionada numa superfície de papelão, com a técnica da papietagem.

O assunto referente ao sentimento medo, tema da história, estendeu-se entre o grupo. Na roda do dia seguinte as crianças quiseram retomá-lo. Como a roda é um momento de conversa, de socialização, de falar, escutar, trocar e compartilhar os mais diversos assuntos de interesse do grupo, aproveitamos para propor que cada um falasse dos seus medos. Foi uma euforia!

Ai que medo de barata!
Ai que medo de trovão!
Ai que medo de bruxa!
Ai que medo de avião!
Surgiu até alguém com medo de caixão!

Registramos nossos medos por meio de desenhos e da elaboração de um cartaz, que foi afixado na parede, onde já se encontravam letras de músicas e cartazes das histórias preferidas do grupo, entre outros registros.

Viajando nas histórias

Acreditamos que os momentos de leitura de histórias devem ser incorporados à rotina diária de forma lúdica, agradável e significativa. Concordamos com Bruno Bethelheim (1980) quando relata sobre as enormes possibilidades de apreensão e reelaboração do universo infantil por meio da simbologia dos contos de fadas. Todos os conflitos humanos ali circulam e são resolvidos através da fantasia, coerente com a forma do pensamento infantil.

A já conhecida solução final positiva dos contos de fadas passa para a criança uma imagem otimista de mundo, indicando que os problemas até existem, mas que devem ser enfrentados e podem ser resolvidos. Os autores, nos diz Vera Aguiar (1985), buscam, por meio da estrutura desse tipo de história, demonstrar que aceitam o potencial imaginativo das crianças, ao mesmo tempo em que lhes transmitem a ideia de que não é possível viver eternamente no mundo da fantasia, sendo necessário assumir o real no momento adequado.

> Os contos de fadas mantêm uma estrutura fixa. Partem de um problema vinculado à realidade (como estado de penúria, carência afetiva, conflito entre mãe e filha) que desequilibra a tranqüilidade essencial. O desenvolvimento é uma busca de solução, no plano da fantasia, com a introdução de elementos mágicos (fadas, bruxas, anões, duendes, gigantes etc.). A restauração da ordem acontece no desfecho da narrativa, quando há uma volta ao real. (Aguiar 1985, p. 28)

Durante os momentos de história, as crianças mostraram-se interessadas e apaixonadas. Cada uma, na sua individualidade, expressava de forma diferente o que estava sentindo. Era visível que seus olhinhos brilhavam, o coração acelerava, os impulsos surgiam de repente. Uma fala, um gesto, um questionamento – toda e qualquer expressão nos revelava seu envolvimento e seu entusiasmo ao ouvir a história. Confirmávamos: a criança, quando ouve uma história, pode sentir várias emoções, como tristeza, raiva, irritação, bem-estar, medo, alegria, pavor, insegurança, tranquilidade e tantas outras mais.

É por meio de uma história que se podem descobrir outros lugares, outros tempos, outros jeitos de agir e de ser. Por isso, o cotidiano educativo deve contemplar essa prática de contar contos, aumentando muitos pontos para a vida das crianças.

Cada dia uma nova aventura
Muito o que contar e com o que se encantar
Histórias de medo
Coração batendo
Histórias de reis e rainhas
Fantasia e magia

História de estrelinha
Brilhante e vibrante
História de bruxas
Ah! As bruxas...

Nós: Autores

Um outro momento que nos marcou foi quando, ao iniciarmos uma história, de imediato as crianças perguntaram quem a havia escrito e desenhado. Ali percebemos o quanto as crianças incorporam nossas informações e ampliam conhecimentos.

Certamente, essa situação ocorreu (e continuou ocorrendo) em virtude de nossa prática de sempre identificar o autor e o ilustrador do livro, e também pelo trabalho realizado com o nome das crianças. Em todos os momentos relembrávamos que eram autores de seus trabalhos e que, portanto, precisavam identificá-los. Alguns escreviam o nome automaticamente, outros usavam seus crachás como modelo, porém todos marcavam sua autoria.

Em outro momento muito especial, fizemo-nos autores, escrevendo nossos próprios livros, que foram compartilhados com todos no momento já celebrado, a "hora da história". Nosso livro foi composto por uma capa de cartolina, com folhas de papel ofício dobradas e grampeadas. Numa primeira etapa as crianças desenhavam a história, depois nos contavam (criavam o enredo) e íamos registrando. Quando os livros ficaram prontos, pudemos perceber muita alegria, orgulho e um clima de cumplicidade muito gostoso.

O conto na caixa

Desafio para nós, surpresa para as crianças. Assim foi trabalhar com as caixas-surpresa de contos, em que a história literalmente saía de dentro da caixa.[4] Grande e apaixonante novidade! A aparência externa da caixa não oferecia atrativos. Era preciso esperar sua abertura para conferir...

Confeccionamos duas caixas, tendo por base dois livros: *O retalhinho branco*, de Maria Helena Portilho, e *O amigo ventinho*, de Ruth Rocha. Em roda, as caixas foram abertas e as histórias, contadas. Dessa maneira, os personagens, os cenários, tudo parecia mais vivo e presente.

Com base nessa prática pudemos repensar inúmeros aspectos da arte de contar histórias. Sendo para nós um desafio, tivemos a certeza de que a constância dessa atividade fará com que da próxima vez saibamos aproveitar melhor seus benefícios.

A história não tem fim

Ler é um prazer. São possibilidades infinitas de descobrir o mundo, os outros, os adultos, cavalgar nesse mundo através do imaginário, da brincadeira, do faz de conta. São respostas, novas perguntas, achados de questões perdidas. É busca, é procura, é divertimento, é vibração, pura emoção!

Mas como toda história um dia chega ao fim, a nossa não poderia ser diferente. Porém, não ficaremos num simples "e viveram felizes para sempre". Sabemos que a partir dessa experiência, tanto as crianças como nós não seremos mais as mesmas, pois compartilhamos momentos inesquecíveis, profundamente envolventes, que ficarão guardados para sempre nas mentes e corações.

E agora... a história acabou?
Não!
Com essas vivências

4. A ideia de confeccionar caixas de história foi retirada do vídeo *Os contos que as caixas contam*, produzido pelo Cindedi-USP/Ribeirão Preto-SP.

Um novo tempo começou
Um grupo se formou
Se fortaleceu
Se questionou.
Entre diálogos
Dúvidas e diferenças
Sua opinião formou.
Diariamente se afirmou
Se posicionou
Sonhou e ousou!

O grupo segue adiante
O tempo jamais se fará distante
Carregará nas mentes e corações
Lembranças vivas
Saudades e emoções!

A história não tem fim!
Continuará viva e interessante
A cada hora, a cada dia, a cada instante!

Bibliografia

AGUIAR, V.T. de. "Descobrindo os contos de fadas". *In*: IRMÃOS GRIMM. *A bela adormecida*. Porto Alegre: Kuarup, 1985.

BETHELHEIM, B. *A psicanálise dos contos de fadas*. Rio de Janeiro: Paz e Terra, 1980.

CARVALHO, B.V. de. *Literatura infantil: Visão histórica e crítica*. São Paulo: Global, 1985.

CATTO, A. *et alii*. "A construção da identidade individual e coletiva: Um importante processo à educação infantil". Florianópolis, UFSC-CED-Curso de Pedagogia, 1997 (Projeto de estágio).

10
PLANEJAMENTO NA EDUCAÇÃO INFANTIL: MAIS QUE A ATIVIDADE, A CRIANÇA EM FOCO[1]

Luciana Esmeralda Ostetto

No âmbito da educação infantil tem crescido a preocupação relacionada a "como planejar" o trabalho educativo com as crianças de zero a seis anos em geral, e em particular com as menores de três anos. Tal preocupação pode ser relacionada ao fato de que, mais e mais, a educação infantil dirigida às crianças de zero a seis anos ganha estatuto de direito, colocando-se como etapa inicial da educação básica que devem receber as crianças brasileiras, respeitando os preceitos constitucionais. Tanto creches quanto pré-escolas, como instituições educativas, têm uma responsabilidade para com as crianças pequenas, seu desenvolvimento e sua aprendizagem, o que reclama um trabalho intencional e de qualidade. Na intencionalidade do trabalho reside a preocupação com o planejamento. O que fazer com as crianças, principalmente as bem pequenas? Seria possível "fazer ativi-

1. Agradeço à professora Marli Auras, pela leitura e, principalmente, pelo estímulo.

dades" com crianças do berçário (turmas com até um ano de idade), além de prever-lhes cuidados físicos (alimentação, higiene, sono etc.)? Se possível, que tipo de atividades prever? Como planejar?

Essas seriam questões de simples forma ou de complexos fundamentos? Pensar em planejamento seria apenas uma questão de como e do que fazer ou, além disso, principalmente, uma questão de para que e para quem fazer?

Certa vez fui convidada a conversar com as professoras de uma determinada instituição de educação infantil sobre planejamento. Sendo eu professora do curso de Pedagogia, pareceu-me, inicialmente, que as professoras gostariam que eu desse "a linha" do "como planejar" o trabalho com as crianças de zero a seis anos. Diante dessa desconfiança, comecei a conversa propondo que cada uma colocasse no papel qual o problema que enfrentava com o planejamento. Eu pretendia localizar as indagações, as incertezas e as angústias vividas pelo grupo de professoras na sua prática de planejamento do trabalho pedagógico, pois em qualquer discussão é imprescindível a localização da pergunta para podermos ir atrás das possíveis respostas. Na minha ideia, só poderia conversar com aquelas professoras, de forma significativa, se soubesse por onde andavam suas perguntas sobre a questão do planejamento. Era mesmo um problema? Por quê? Qual a estrutura do planejamento? Qual o jeito para planejar? De que forma sistematizar, ou como registrar no papel o planejamento? Como organizá-lo, se os objetivos que traçamos não dão conta da complexidade do processo? Como registrar, no planejamento, a riqueza do cotidiano? Como captar o movimento? O trabalho é dinâmico, mas o planejamento é formal e isso não dá! Como delimitar pontos para trabalhar, num vasto universo de possibilidades? O que priorizar? Como colocar no planejamento do dia a dia o lúdico, o prazer, sem aquele "ranço" escolar?

Essas perguntas compõem um quadro geral do que foi levantado no encontro e podem bem servir de base para um ensaio sobre o planejamento na educação infantil, uma vez que, em certa medida, são muito representativas das questões comumente formuladas por educadores que atuam na educação infantil. Porém, começo a discussão me reportando para uma questão de base, que envolve fundamentos e que não aparece entre as perguntas mais freqüentes: o que é planejamento?

Buscando dialogar com as preocupações levantadas, prossigo afirmando que planejamento não pode ser confundido com uma ficha preenchida formalmente com uma lista do que se pretende fazer na sala de aula. O planejamento educativo deve ser assumido no cotidiano como um processo de reflexão, pois, mais do que ser um papel preenchido, é atitude e envolve todas as ações e situações do educador no cotidiano do seu trabalho pedagógico (Fusari s./d.).

Planejar é essa atitude de traçar, projetar, programar, elaborar um roteiro para empreender uma viagem de conhecimento, de interação, de experiências múltiplas e significativas para/com o grupo de crianças. Planejamento pedagógico é atitude crítica do educador diante de seu trabalho docente. Por isso não é uma fôrma! Ao contrário, é flexível e, como tal, permite ao educador repensar, revisando, buscando novos significados para sua prática pedagógica.

O planejamento marca a intencionalidade do processo educativo mas não pode ficar só na intenção, ou melhor, só na imaginação, na concepção... Ninguém diria que não é necessário escrever o planejamento. A intencionalidade traduz-se no traçar, programar, documentar a proposta de trabalho do educador. Documentando o processo, o planejamento é instrumento orientador do trabalho docente.

Mas como escrever? De que forma? Voltamos à questão inicial que é praticamente a questão central presente entre as perguntas daquelas educadoras: a forma, o jeito! Seria esse o real problema envolvido no planejamento? Seria essa a dificuldade reclamada por tantos educadores? Poderíamos indagar, para seguir adiante: por que a preocupação, tão forte entre os educadores, sobre a forma do planejamento e sobre como estruturá-lo? É impossível falarmos da forma de planejar sem colocar em evidência o conteúdo que lhe serve de base, sem fazer relação com os seus fundamentos.

Se olharmos a questão sob a ótica de seus fundamentos (O que é um planejamento na educação infantil? Para que e para quem ele é elaborado?) não será difícil concluirmos que o problema da forma é um problema aparente. De outro modo: se os educadores têm claro o que, para que e para quem planejar, não vai importar como está traduzido no papel. Nesse caso, a forma não vai alterar o produto. O fundamental, como nos diz o professor José Fusari (s./d., p. 46), "não é decidir se o plano será redigido no formulário X ou Y, mas assumir que a ação pedagógica necessita de um mínimo de preparo".

Na verdade, penso até que a forma de escrever um planejamento, no dia a dia, deve ser muito pessoal e, principalmente, funcional para o educador. Então, se ele necessita de tudo explicadinho, passo por passo, para não "se perder" entre uma e outra ação do cotidiano, ele assim o faz. Se, ao contrário, para ele "se achar" necessita apenas listar tópicos, pode assim proceder. A questão não é a forma, mas os princípios que sustentam uma ou outra organização. Sem dúvida, a elaboração de um planejamento depende da visão de mundo, de criança, de educação, de processo educativo que temos e que queremos: ao selecionar um conteúdo, uma atividade, uma música, na forma de encaminhar o trabalho. Envolve escolha: o que incluir, o que deixar de fora, onde e quando realizar isso ou aquilo. E as escolhas, a meu ver, derivam sempre de crenças ou princípios.

Como um processo reflexivo, no processo de elaboração do planejamento o educador vai aprendendo e exercitando sua capacidade de perceber as necessidades do grupo de crianças, localizando manifestações de problemas e indo em busca das causas. Vai aprendendo a caracterizar o problema para, aí sim, tomar decisões para superá-lo. O ato de planejar pressupõe o olhar atento à realidade.

Na perspectiva de ampliar a discussão, apresento a seguir um exercício de análise sobre as formas mais comuns de planejamento encontradas na prática da educação infantil. Como indiquei, os comentários e o próprio recorte de caracterização de diferentes tendências no planejamento são aqui elaborados como exercício de reflexão. Como reflexão, esse exercício traz consigo marcas e ideias muitas vezes discutidas em aulas e orientações de estágio no curso de Pedagogia, em cursos de formação e em reuniões com educadores.

Considerando, então, conteúdo e forma, poderíamos apresentar as seguintes perspectivas: planejamento baseado em "listagem de atividades", por "datas comemorativas", baseado em "áreas de desenvolvimento", baseado em "áreas de conhecimento", por "temas".

Planejamento baseado em listagem de atividades

Esse tipo de planejamento poderia ser considerado um dos mais rudimentares, pois está baseado na preocupação do educador em preencher o tempo de trabalho com o grupo de crianças, entre um e outro momento da rotina (higiene, alimentação, sono etc.). O professor busca, então, organizar vários tipos de atividades para realizar durante cada dia da semana. Dessa forma, como seu planejamento é diário, vai listando possíveis atividades para as crianças desenvolverem, como por exemplo:

Segunda-feira:
- modelagem com massinha;
- quebra-cabeça;
- audição de histórias;
- preenchimento de exercícios em folha mimeografada.

Terça-feira:
- recorte e colagem;
- jogos recreativos;
- música com gestos;
- confecção de dobraduras.

E assim sucessivamente, nos dias subsequentes e a cada semana, repete-se a dinâmica de atividades.

A prática pedagógica resume-se, aqui, às chamadas atividades, ou à "hora da atividade", uma vez que os outros momentos da rotina, mais ligados aos cuidados das crianças, não são planejados, sendo mesmo secundarizados.

Por isso dissemos no início que esse tipo de planejamento é rudimentar, pois não vem embasado em qualquer princípio educativo explícito. O que o define é a necessidade de ocupar as crianças durante o tempo em que permanecem na instituição. Nesse sentido, quase não pode ser classificado como planejamento, uma vez que a intencionalidade do educador não está marcadamente definida considerando princípios educativos, muito embora exista por trás dessa prática uma concepção, mesmo que implícita, de criança e educação infantil.

Poderíamos assinalar que a criança que aparece é uma criança passiva, sem particularidades ou necessidades específicas, que espera pelo atendimento do adulto, sem nada a dizer ou expressar. Por outro lado, a instituição de educação infantil revela-se como espaço de cuidados ou, como diria Khulmann Jr. (1991), como um espaço de educação assistencialista, onde a educação oferecida à criança é de baixa qualidade, mais moral que intelectual. Podemos associar, aqui, uma prática da instituição como guarda ou depósito de criança, enquanto os pais estão trabalhando. Ou seja, as atividades previstas estão planejadas de acordo com o tempo e não com o desenvolvimento e a aprendizagem das crianças.

Em termos de concepção de educação infantil, poderíamos perceber tal perspectiva dentro da chamada "função guardiã"[2] atribuída às primeiras instituições pré-escolares.

---

2. Sobre as funções da pré-escola, cf. Kramer e Abramovay (1984).

Nos dias de hoje, esse tipo de organização de planejamento, ou, mais especificamente, essa preocupação dos educadores em preencher o tempo das crianças com atividades fica evidenciada, por exemplo, em cursos de formação, em que os educadores, "cansados de cursos teóricos", reivindicam sugestões de atividades, ideias, novidades para realizar com as crianças.

O planejamento baseado em datas comemorativas

Nessa perspectiva, o planejamento da prática cotidiana é direcionado pelo calendário. A programação é organizada considerando algumas datas, tidas como importantes do ponto de vista do adulto. Também aqui são listadas várias atividades, só que estas se referem a uma data específica, a uma comemoração escolhida pelo calendário. Assim, ao longo do ano seriam realizadas atividades referentes ao Carnaval, ao Dia de Tiradentes, ao Descobrimento do Brasil, ao Dia do Índio, à Páscoa, ao Dia do Trabalho, ao Dia das Mães e assim por diante, conforme as escolhas da instituição ou do educador, segundo o que ele julgar relevante para as crianças, ou conforme seja possível desdobrar em atividades para realizar com as crianças. Por exemplo:

Dia do Índio – Atividades:
- música do índio e imitação;
- confecção do cocar do índio (com cartolina);
- dançar e cantar como índio;
- pintar desenho do índio;
- recortar figuras do índio.

Qual o critério para a escolha das datas a serem trabalhadas em atividades pedagógicas? Que concepção de história perpassa tais escolhas?

Poderíamos dizer que o trabalho com as datas comemorativas baseia-se numa história tomada como única e verdadeira: a história dos heróis, dos vencedores. História que, na verdade, privilegia uma visão ou concepção dominante em detrimento de tantas possíveis, ignorando e omitindo, na maioria das vezes, as diferentes facetas da realidade. Por isso, a escolha é sempre ideológica, pois algumas datas são comemoradas e outras não. Além disso, quem também lucra com as datas comemorativas é o comércio, que aproveita os "dias de" para vender suas mercadorias, fazendo-nos crer que as pessoas e coisas só merecem ser lembradas uma vez por ano e não diariamente como de fato deveriam.

A marca do trabalho com as datas comemorativas é a fragmentação dos conhecimentos, pois em determinada semana os professores trabalham o início da primavera, na outra já entram com o Dia da Criança, tudo isso trabalhado superficialmente e de forma descontextualizada. Na mesma direção, podemos perceber a elaboração ou proposição de "trabalhinhos", "lembrancinhas", dancinhas, teatros geralmente destituídos de reflexão, por parte do educador, que em momento algum pensa no significado disso tudo para as crianças, se está sendo "gratificante", enriquecedor para elas. O educador acaba sendo um repetidor, pois todos os anos a mesma experiência se repete, uma vez que as datas se repetem. Talvez uma atividade aqui outra ali, um ou outro trabalhinho seja renovado, mas o pano de fundo é o mesmo.

Em relação às implicações pedagógicas, essa perspectiva torna-se tediosa na medida em que é cumprida ano a ano, o que não amplia o repertório cultural da criança. Massifica e empobrece o conhecimento, além de menosprezar a capacidade da criança de ir além daquele conhecimento fragmentado e infantilizado.

Quem disse que 1º de maio é Dia do Trabalho? Há razões para se comemorar esse fardo? Em questão de data, não seria relevante falar sobre o dia do trabalhador, revelando o sujeito que está por trás da atividade produtiva? Por que é comemorado o Dia de Tiradentes e não se comemora o Dia de Zumbi, que aliás sequer consta no calendário comum? E a Semana da Pátria? Que pátria é essa, de fome e miséria, desemprego e desmandos políticos? O que é o Brasil, o que é ser brasileiro, hoje?

Além de todas essas considerações, é possível perceber no planejamento baseado em datas comemorativas a mesma problemática da modalidade anterior. Ou seja, o planejamento acaba sendo planejamento de atividades, a organização prevê listagem de atividades, mesmo que, aparentemente, pareça estar articulando atividades de um mesmo assunto ou tema, no caso a data escolhida para ser trabalhada.

A articulação é aparente justamente porque não amplia o campo de conhecimento para as crianças, uma vez que as datas fecham-se em si mesmas, funcionando mais como pretexto para desenvolver esta ou aquela atividade ou habilidade. Se na perspectiva anterior a listagem era: modelagem com argila; recorte-colagem; pintura de desenho mimeografado, na perspectiva das datas comemorativas teríamos, por exemplo, no Dia do Índio: modelagem da "casa" do índio, com argila; recorte-colagem de figuras de índios ou do que eles comem; pintura de desenho de índio, mimeografado.

"Ah! Mas na sociedade todos falam, todos comemoram essas datas!" "As crianças vêm pra creche já falando..." É certo que as crianças trazem para a creche o que vivem, ouvem e veem fora dela. Mas será argumento suficiente essa evidência? Qual o papel da instituição de educação infantil: repetir/reproduzir o que circula na sociedade em geral ou discutir e questionar os conteúdos e vivências que trazem as crianças? É apenas "respeitar" a realidade imediata da criança, ou ampliar sua visão de mundo? É discutir e negociar significados ou legitimar um sentido único, veiculado nas práticas comemorativas de consumo?

Planejamento baseado em aspectos do desenvolvimento

O planejamento por áreas de desenvolvimento revela uma preocupação com os aspectos que englobam o desenvolvimento infantil. Nessa direção, várias são as áreas contempladas, sendo mais comum a indicação dos aspectos físico-motor, afetivo, social e cognitivo. Nessa perspectiva nota-se a preocupação em caracterizar a criança pequena, dentro dos parâmetros da psicologia do desenvolvimento, o que indica uma preocupação com as especificidades da criança de zero a seis anos. O planejamento, então, toma tais características e aspectos para determinar objetivos a partir dos quais serão organizadas atividades que estimulem as crianças naquelas áreas consideradas importantes. Por exemplo:

Desenvolvimento afetivo – *Objetivos*: estimular a criatividade; estimular a motivação; estimular a curiosidade. *Atividades*: 1) Artes plásticas (desenho, pintura, construção com sucata, recorte e colagem etc.); 2) Música; 3) Dramatizações; 4) Histórias.

Assim, dentro desse quadro e com base nesses objetivos definidos para cada área de desenvolvimento infantil, o educador planeja seu dia a dia, especificando, no caso citado acima, que música, que história, que dramatização, que atividade de artes plásticas vai propor.

Essa perspectiva de planejamento, se, por um lado, parece considerar particularidades do desenvolvimento infantil, acaba por secundarizar ou mesmo desconsiderar questões relacionadas à construção do conhecimento, à aprendizagem. Por outro lado, a delimitação de áreas de desenvolvimento para orientar o planejamento parte, geralmente, de uma referência geral e universal de desenvolvimento, tomado como regra ou como padrão de normalidade para toda e qualquer criança. Ao estabelecer tal referência na universalidade, toma por certo a existência de uma criança ideal e, por isso, não leva em conta a criança real, concreta, historicamente situada, com características diferenciadas, determinadas pelo seu contexto ou origem sociocultural.

Esse tipo de planejamento representa, sem dúvida, um avanço se comparado às modalidades apresentadas anteriormente, principalmente porque coloca como ponto de partida a criança, o seu desenvolvimento. Só que... é um desenvolvimento ideal, de uma criança também ideal... como já fiz notar. Da mesma forma, se o curso do desenvolvimento infantil é considerado critério primeiro (e único) para a ação educativa com crianças de zero a seis anos, aspectos sociais e políticos são minimizados.

Poderíamos dizer que, em termos de tendências presentes na educação infantil, essa proposta de planejamento situa-se no campo da "pré-escola com objetivos em si mesma",[3] uma vez que privilegia o desenvolvimento da criança na fase em que se encontra, não apontando nenhuma articulação com as fases posteriores. Ou melhor, o desenvolvimento pretendido encerra-se ou fica circunscrito no período pré-escolar, sem menção a conteúdos, habilidades ou outros aspectos ligados à escola de ensino fundamental.

Este ponto, aliás, servirá de crítica para outras proposições que, ao contrário desta, vão colocar em evidência a criança no processo de aprendizagem e os conhecimentos socialmente produzidos, buscando articular educação infantil e escola primária.

Planejamento baseado em temas (tema integrador, tema gerador, centros de interesse, unidades de experiência)

Neste tipo de planejamento, o "tema" é o desencadeador ou gerador de atividades propostas às crianças. O "tema" busca articular as diversas atividades desenvolvidas no cotidiano educativo, funcionando como uma espécie de eixo condutor do trabalho.

No trabalho organizado com base em "temas", pode-se visualizar a preocupação com o interesse da criança, colocando-se em foco suas necessidades e perguntas. Os temas escolhidos pelo professor, sugeridos pelas crianças ou surgidos de situações particulares e significativas vivenciadas pelo grupo indicam o trabalho a ser desenvolvido. Nesta direção, além da preocupação em trabalhar aspectos que façam parte da realidade da criança, são delimitados conteúdos considerados significa-

3. Terminologia presente na sistematização de Kramer e Abramovay (1984).

tivos para a aprendizagem dos alunos. Em regra, é significativo todo aquele conteúdo e/ou conhecimento que faz parte da realidade imediata do aluno.

A delimitação do "tema" seria o primeiro procedimento a ser tomado para, em seguida, prever que atividades poderiam ser desenvolvidas com base nesse "tema" delimitado. Geralmente esse tipo de organização prevê, para seu encaminhamento, uma sequência de atividades para a semana, relacionadas ao estudo do "tema" em questão, como por exemplo: atividades sobre o circo, os animais, o bairro, a família etc., com sentido de continuidade entre elas. Dessa forma, as propostas não ficariam soltas nem seriam desenvolvidas por elas mesmas, para "ocupar" o tempo das crianças na instituição de educação infantil. Na proposição de atividades motivadas pela temática escolhida, haveria uma intencionalidade explícita, tanto na articulação entre todas as atividades planejadas como nos conhecimentos envolvidos.

O que percebemos na prática dos educadores, entretanto, é que a escolha do tema acaba sendo um pretexto para a listagem de atividades. Ou, de outro modo, como já testemunhei, muitas vezes o tema transforma-se numa verdadeira "camisa de força" imposta pela coordenação de uma instituição a todos os educadores: dos bebês às crianças de seis anos, mês a mês são escolhidos os mesmos temas para planejamento.

Os acontecimentos do mundo que rodeia a criança também podem virar temas geradores de atividades. Os aspectos sociais e culturais que dizem respeito à vida em sociedade são particularmente importantes e deveriam ser contemplados. Assim, na época em que o fenômeno chamado "El niño" esteve em pauta na sociedade, não raro vimos o tema ser trabalhado com as crianças, em creches e pré-escolas. Seria "El niño" uma problemática significativa para as crianças pequenas, para uma creche inteira, ao mesmo tempo? Cabe, então, a pergunta: o que é significativo para as crianças de dois anos é igualmente significativo para as crianças maiores? O que interessa às crianças em diferentes idades?

Se, por um lado, a perspectiva centrada na delimitação de temas que desencadeiem atividades educativas parece estar imbuída de intencionalidade pedagógica, representando um avanço em termos de encaminhamento do trabalho na educação infantil, reforçando seu caráter pedagógico, por outro lado parece criar uma falsa articulação de todo o trabalho. Isso porque, sob o pretexto de uma certa temática, as atividades desenvolvidas podem se repetir mecanicamente. Explico. Com o tema "O circo": visita-se um circo, conta-se história de circo, dramatizam-se as personagens, desenha-se, compõe-se texto coletivo sobre o circo etc.; com o tema "O bairro": visita-se um bairro, conta-se a história do bairro, dramatizam-se as profissões existentes no bairro, desenha-se o bairro, compõe-se texto coletivo sobre o bairro etc. Parece que a preocupação primeira é ainda a realização da atividade e não os conhecimentos envolvidos, o questionamento da criança, sua pesquisa e exploração. Toma-se o tema como uma fôrma, dentro da qual um ou outro ingrediente pode ser trocado, mas o produto vai sair do mesmo jeitinho... sob o controle do formador...

Planejamento baseado em conteúdos organizados por áreas de conhecimento

Uma tendência bastante evidente nos últimos anos é a que contempla conteúdos organizados por áreas de conhecimento. Vários currículos para a educação infantil, marcadamente em fins dos anos 80 e início dos anos 90,[4] trazem consigo essa marca de planejamento que, podemos dizer, se relaciona claramente com a defesa da pré-escola como espaço pedagógico e, portanto, lugar de conhecimento.

Nesta perspectiva, a pré-escola deve contribuir com a universalização de conhecimentos socialmente acumulados, pois ao mesmo tempo

4. Exemplos são os currículos do estado do Paraná (1989), do estado de Santa Catarina (1991) e da cidade de São Paulo (1992).

em que a criança se desenvolve, está adquirindo e também produzindo novos conhecimentos. Na defesa do "espaço de aprendizagem", pode-se visualizar nesta perspectiva a busca de articulação com o ensino posterior, oferecido nas séries iniciais do ensino fundamental. O canal de articulação é aqui o conhecimento socialmente produzido e historicamente acumulado pela humanidade.

De um modo geral, o planejamento que segue essas orientações segue apontando noções a serem trabalhadas na pré-escola, contemplando conteúdos básicos das quatro grandes áreas de conhecimento: língua portuguesa, matemática, ciências sociais e ciências naturais.

A entrada em cena das "áreas de conhecimento" trouxe maior consistência para o trabalho com os temas, uma vez que as atividades previstas, a partir da delimitação de qualquer tema, deveriam "pertencer" a tais áreas, articulando-as. Os conteúdos decorrentes da língua portuguesa, da matemática, das ciências sociais e naturais dariam o norte para um trabalho intencional com a criança de quatro a seis anos, de modo que favorecesse a ampliação de seus conhecimentos.

Parecia ter-se chegado, enfim, ao tão propalado, defendido e almejado caráter pedagógico da pré-escola, superando o simples guardar ou desenvolver as potencialidades das crianças. Socializar os conhecimentos produzidos pela humanidade: essa era uma meta da pré-escola que estava sendo viabilizada por meio de uma proposta que incorporava no seu planejamento cotidiano o estudo de conteúdos pertencentes às diversas áreas do conhecimento. Foi um tempo em que defender o conhecimento explícito por meio de noções e conteúdos determinados significava romper com práticas assistencialistas, de guarda e de cuidado. Em certa medida, a instituição de educação infantil virou escola, os educadores, professores e as crianças, alunos.

Porém... nem tudo correu bem no cotidiano da educação infantil, com essa direção empreendida. A realidade continuou a questionar: e os bebês? Como ensinar matemática e ciências aos bebês? E agora, é escola mesmo? O caráter das perguntas que eram levantadas por muitos educadores revelava que algo nas propostas "conteudistas" não estava indo bem. E não era no "modo de fazer", mas nos próprios "ingredientes"...

Questionaram-se nesse encaminhamento o tal caráter pedagógico e a especificidade da educação infantil (localizada entre a casa e a escola). Esse ponto, associado à não inclusão dos bebês nas propostas, suscitou a crítica e a continuação da indagação: como planejar? Agora traduzido em: o que considerar nesse planejamento?

Da crítica às possibilidades, do compromisso à prática: Repensando o planejamento do trabalho na educação infantil, incluindo os bebês!

Qualquer análise das tendências recortadas aqui não pode deixar de ressaltar um aspecto evidente: as propostas de planejamento encaminham o trabalho com as crianças maiores, entre quatro e seis anos. E para as menores? Essa é uma pergunta que, por si só, serve para questionar a viabilidade de tais propostas. É uma pergunta que está na base dos questionamentos que hoje em dia vêm fazendo os educadores que trabalham em instituições do tipo creche, com crianças entre zero e três anos de idade. Que direção imprimir ao trabalho? O que considerar no planejamento? Como organizá-lo? Velhas questões colocadas lá no início, que acompanham o educador em busca da qualidade de seu fazer educativo, de profissional da educação infantil.

Mesmo procurando associar os tipos de planejamento citados anteriormente, com uma determinada visão de educação infantil, explicitando seus fundamentos, fico tentada a perguntar se qualquer uma das perspectivas, no limite, não poderia ter sucesso... (Não, não, nada disso! É apenas uma provocação...) Mas, é preciso destacar, penso que qualquer proposta de planejamento, na ação, vai depender, em muito, do educador: do compromisso que tem com sua profissão, do respeito que tem para com o grupo de crianças, das informações de que dispõe, da formação que possui, das relações que estabelece com o conhecimento, dos valores nos quais acredita etc., pois, de modo geral, como já indiquei, vejo o planejamento como atitude. O planejamento não é bom ou ruim em si. Tomado como intenção, está submetido à direção que lhe imprimem.

Não adianta ter um "planejamento bem planejado", se o educador não constrói uma relação de respeito e afetividade com as crianças; se ele toma as atividades previstas como momentos didáticos, formais, burocráticos; se ele apenas age/atua mas não interage/partilha da aventura que é a construção do conhecimento para o ser humano.

Para mim, elaborar um "planejamento bem planejado" no espaço da educação infantil significa entrar na relação com as crianças (e não com os alunos!), mergulhar na aventura em busca do desconhecido, construir a identidade de grupo com as crianças. Assim, mais do que conteúdos da matemática, da língua portuguesa e das ciências, o planejamento na educação infantil é essencialmente linguagem, formas de expressão e leitura do mundo que nos rodeia e que nos causa espanto e paixão por desvendá-lo, formulando perguntas e convivendo com a dúvida.

Trabalhando com metodologia e prática de ensino da educação infantil (para o curso de Pedagogia), essas preocupações estão sempre colocadas (que orientação dar às estagiárias?) e acredito que a sistematização aqui apresentada, como reflexão, foi também uma tentativa de construir um quadro da nossa história, dos momentos pelos quais passamos na defesa da educação das crianças pequenas. De modo geral, muitas das práticas aqui reunidas e comentadas foram, em momentos determinados, ideários do curso de Pedagogia.

Vendo e revendo as perspectivas adotadas, as experiências realizadas, concluo que hoje um dos grandes desafios é pensar a educação de crianças de zero a seis anos de forma articulada, lançando luzes mais fortes sobre a prática desenvolvida com crianças de zero a três anos.

Com esse desafio, no espaço dos estágios, temos discutido possíveis caminhos. Em 1997 um grupo de estagiárias elaborou seu projeto de estágio abordando a questão dos instrumentos metodológicos do educador: o planejamento, articulado ao registro e à avaliação. O projeto, com o instigante e sugestivo título "Três cabeças que não se entendem passam fome de tanto pensar... Reflexões sobre planejamento, registro e avaliação", reunia preocupações, dúvidas e reflexões de estagiárias e profissionais da instituição de educação infantil na qual se realizava o estágio. Muitas dessas discussões ganharam também o espaço de nossas aulas e, num crescente processo de busca, fomos ensaiando propostas de planejamento que contemplassem o que considerávamos objetivos indissociáveis (cuidar e educar) e que pudessem oferecer uma referência, um chão para o educador que atua com grupos de crianças menores de três anos encaminhar seu trabalho.

A proposta que íamos construindo na discussão – e que depois experimentamos – fundou-se na análise das perspectivas (apresentadas anteriormente) que conhecíamos e que praticamos no curso de nossa experiência de educadores (minha e das alunas, muitas delas já educadoras atuantes). Marcadamente, baseou-se na constatação de que tais propostas de planejamento "não davam conta" da especificidade da educação infantil, principalmente por não incluírem a creche, os bebês.

A partir dessa constatação alguns aspectos foram sendo pontuados e discutidos, entre eles a ideia, muito presente, de se planejar a "hora da atividade". Será que o planejamento na educação infantil compreende somente a chamada "hora da atividade", momento pedagógico por excelência? Se assim fosse, pobres bebês, não poderiam desfrutar dessa hora! Afinal, o que se pode fazer com eles, em meio a tanto choro, fraldas, banhos, mamadeiras, colos, sonos? "Nem falam, nem andam, completamente dependentes... Não há muito o que fazer com eles, ou melhor, não dá pra fazer 'atividade pedagógica', só cuidar...", reclamam alguns educadores. Essa reclamação revela, justamente, a especificidade da educação infantil. O que parece problema, para lidar com os bebês, é característica primeira da instituição que os atende: prover-lhes cuidado e educação.

Ora! O caráter pedagógico está marcando e envolvendo todo o cotidiano, pois hoje sabemos, "ao atender o bebê, o adulto não apenas lhe dá cuidado físico mas o insere no mundo simbólico de sua cultura ao interpretar suas expressões, gestos, posturas" (Oliveira *et alii* 1992, p. 41). Na mesma direção podemos afirmar, como indicou Machado (1996, p. 8), que o pedagógico não está na atividade em si, mas na postura do educador, uma vez que "não é a atividade em si que ensina, mas a possibilidade de interagir, de trocar experiências e partilhar significados é que possibilita às crianças o acesso a novos conhecimentos".

O pedagógico, então, não está relacionado somente àquelas atividades coordenadas ou dirigidas pelo educador, realizadas geralmente na mesa, com todas as crianças, envolvendo materiais específicos – em regra papel, lápis, caneta... –, e que resultam num produto "observável". O pedagógico também envolve o que se passa nas trocas afetivas, em todos os momentos do cotidiano com as crianças; perpassa todas as ações: limpar, lavar, trocar, alimentar, dormir. De que forma são realizadas essas ações? Isso conta muito na definição do que é pedagógico! Enfim, o pedagógico envolve cuidado e educação, os tais objetivos colocados hoje, claramente, para a instituição de educação infantil (Ostetto 1997, p. 11).

Neste contexto, na instituição de educação infantil deve haver espaço para as diversas linguagens e para a brincadeira. Aliás, ao falarmos em planejamento, é bem oportuno perguntar: quanto temos brincado com as crianças? Ensinamos as crianças a brincar? Permitimos que brinquem? Ajudamos o grupo de crianças a estruturar repertórios que enriqueçam suas brincadeiras? Há, enfim, espaço para a criação de brincadeiras, nas nossas salas, nos diversos ambientes da instituição em que trabalhamos com as crianças?

Como garantir essa articulação? Como garantir a especificidade dessa instituição?

E a linguagem? O que temos feito dela em nossas salas de trabalho? Quantas formas de expressão ganham lugar no dia a dia com a criança? Há espaço para a diversidade de dizeres e saberes das crianças? Há espaço para as cores do arco-íris ou para azuis e amarelos, somente? Pode rabisco? E sol com olhos e boca? E boneco sem braço? E árvore vermelha? Pode cantar, correr, movimentar-se? E ouvir histórias? E recitar poesias? E narrar coisas vividas? Quantas linguagens estão presentes em nosso grupo? Cem? Uma? Quantas? (Ostetto 1997, p. 11).

Certamente, muito do caráter educativo-pedagógico passa por tais vivências: de interações, linguagens múltiplas e brincadeiras. Aspectos que, muitas vezes, estão adormecidos no adulto, ou esquecidos nos passados (longínquos...?) anos da infância. São dimensões que precisam ser resgatadas no adulto-profissional da educação infantil que constrói e reconstrói sua competência dia a dia; que busca uma ação intencional, voltada ao atendimento de qualidade para a criança pequena, articulando necessidades vitais para o seu crescimento, garantindo cuidado e educação no planejamento do cotidiano.

Tendo no horizonte esses entendimentos e questionamentos, na tentativa de romper com a tão enraizada "hora da atividade", fomos ampliando a compreensão do cotidiano educativo, concordando que

> (...) a atividade educativa da creche não ocorre apenas em momentos especialmente planejados para tal, o horário das "atividades pedagógicas", mesmo que tais atividades já tenham sua concepção ampliada e modificada para incluir as brincadeiras e os passeios das crianças ou a confecção de um bolo por estas etc. A atividade educativa da creche também inclui o que se passa nas trocas afetivas entre adultos e crianças, durante o banho, às refeições, no horário de entrada e em outras situações. O educador e o bebê interagindo enquanto este está tomando banho, ou as crianças conversando durante o almoço, estão trocando experiências e significados, ampliando seu repertório de ações. (Oliveira *et alii* 1992, pp. 68-69)

Fomos construindo o conceito de "situações significativas", ampliando o de simples atividade que estaria contida nas situações significativas. Chegamos à conclusão de que planejar na educação infantil é planejar um contexto educativo, envolvendo atividades e situações desafiadoras e significativas, que favoreçam a exploração, a descoberta e a apropriação de conhecimento sobre o mundo físico e social. Ou seja, nesta direção o planejamento estaria prevendo situações significativas que viabilizem experiências das crianças com o mundo físico e social, em torno das quais se estruturem interações qualitativas entre adultos e crianças, entre crianças e crianças, e entre crianças e objetos/mundo físico. Nessa perspectiva, outro ponto que passamos a incluir foi a previsão do espaço. Embora se diga que planejar implica pensar também "onde" e "quando" vai se desenvolver uma ação, esse aspecto não era previsto comumente pelos educadores e por nós. Então passamos a explicitá-lo como elemento fundamental do planejamento.

Como perceber as situações significativas? O ponto de partida é a observação das crianças: o que buscam saber sobre o mundo à sua volta, quais suas preocupações e que perguntas estão fazendo num dado momento? Afinal: para onde está direcionada a curiosidade das crianças? É necessário, pois, olhar a criança, as diferentes crianças, os movimentos do grupo. É urgente ouvir suas perguntas: no choro, no balbucio, no gesto, na palavra, na ação. A escuta é disponibilidade ao outro e a tudo que ele tem a dizer. E mais: a escuta torna-se, hoje, o verbo mais importante para se pensar e direcionar a prática educativa. Nas palavras de Carla Rinaldi (1995, p. 122):

> Se a criança é portadora de teoria, interpretações, perguntas, e é co-protagonista do processo de construção do conhecimento, o verbo mais importante que guia a ação educativa não é mais falar, explicar, transmitir, mas escutar. A escuta é disponibilidade ao outro e a tudo quanto ele tem a dizer; é escuta das cem e mais linguagens, com todos os sentidos. É um verbo ativo, pois, como sabemos, não é só registro mas interpretação de mensagem: a mensagem ganha sentido e significado no momento em que aquele que a escuta lhe dá acolhida e valorização. É ainda um verbo recíproco: legitima o outro porque a comunicação é um dos modos fundamentais de dar forma ao pensamento, e o ato comunicativo que se realiza através da escuta produz significativas e recíprocas mudanças, seguramente enriquecedoras, para os participantes desta forma de troca.

A reflexão levantada pela educadora italiana é extremamente pertinente e nos ajuda a pensar os caminhos do trabalho pedagógico, intencional e de qualidade, no âmbito da educação infantil. Ao ressaltar o verbo "escutar" como guia da ação educativa, creio que ela demarca uma das dificuldades que enfrentam os educadores nessa área, ao discutirem e apontarem dificuldades no planejamento. Ou seja: o problema não está na forma, no modelo de planejamento, como já discutimos ao longo do texto, mas reside no olhar a criança real, para conhecê-la e traçar projetos. Não seria esse um dos entraves do educador: a disposição para olhar e ouvir as crianças? Não seria esse um dos medos do educador: olhar e não ver?

Nesse aspecto podemos fazer relação com o que dizíamos lá atrás: planejamento é essencialmente atitude. Então, questionaríamos: que atitude temos empreendido diante da necessidade de olhar e ouvir as crianças, a realidade, o mundo? "Não fomos educados para olhar o mundo, a realidade, nós mesmos. Nosso olhar cristalizado nos estereótipos produziu em nós paralisia, fatalismo, cegueira", diz-nos Weffort (1995, p. 13). Assim, não raro, para organizar o cotidiano educativo recorremos ao modelo, ao ideal, à "criança do livro", e então produzimos uma relação e um conhecimento didatizados, burocratizados, fechados às múltiplas vozes e linguagens. Se não miramos com os olhos direcionados, fixados nas crianças, nos seus movimentos, gestos, expressões, o olhar se perde e vai parar... na "atividade"! De um ponto interno (nosso olhar), vamos para o externo (propostas de atividades) e então vagamos a buscar quem possa dar-nos respostas ao já famigerado planejamento... acontece de os educadores ficarem reféns de um livro, de uma cartilha, de um método, de uma teoria, de algum argumento de autoridade pronunciado por um especialista.

E então? É urgente educarmos os ouvidos. Reaprender a olhar é preciso! Essa é uma das principais dificuldades que devem ser enfrentadas para que o educador pegue nas mãos o seu fazer, faça sua história, construa a sua experiência, considerando que "a observação é a ferramenta básica neste aprendizado da construção do olhar sensível e pensante" (Weffort 1995, p. 13) e, por consequência, neste aprendizado de projetar o cotidiano.

Partindo dessas questões e desses fundamentos, e constituindo como eixos do trabalho com as crianças de zero a seis anos, em instituições educativas, a interação, a linguagem e a brincadeira, chegamos a uma proposta para experimentarmos na prática, tentando, encaminhando, avaliando sua coerência e funcionalidade para o educador. A proposição caminhava na direção de se elaborarem "projetos de trabalho", em que o ponto de partida fosse a leitura do grupo, aquele olhar atento a que referi há pouco.

Por que "projetos de trabalho"? Primeiro porque projeto traz uma ideia de horizonte, de perspectiva, de linhas gerais que podem, no processo, receber melhores contornos, maiores definições. Segundo, porque em seus elementos poderia incluir o trabalho com qualquer grupo de crianças, sendo para cada grupo um específico e único projeto, articulando-se somente em princípios e itens gerais. Tanto para os bebês como para as crianças maiores, o projeto seria viável considerando, entretanto, conteúdos diferenciados, conforme as próprias características de tais idades.

> Tal projeto de trabalho pode nascer de qualquer situação acontecida no grupo, desde que a educadora a julgue importante para favorecer a produção e a construção do conhecimento das crianças. Assim, a observação das crianças feita pelo educador pode ser considerada o grande impulso para o planejamento por projetos, por deixar de lado o "didatismo", privilegiando o olhar a criança, o que ela pede ou questiona... Essa "leitura do grupo" deve considerar as características da faixa etária, o contexto socioeconômico e cultural, bem como a dinâmica do grupo. (Souto-Maior 1997, p. 53)

O projeto de trabalho, elaborado com base na observação dos movimentos do grupo, procurando identificar seus interesses, vai se estruturando com a delimitação de: nome, justificativa, objetivo geral, assuntos-atividades-situações significativas, fontes de consulta, recursos, tempo previsto.

O *nome* indica a direção, o horizonte tomado para o trabalho.

A *justificativa* deve contemplar um histórico do projeto: como surgiu, por que foi escolhido, oferecendo também um retrato do grupo, pois, como já ressaltamos, o projeto é elaborado essencialmente por meio da leitura do grupo. Dessa forma, a justificativa revela a leitura do educador sobre o grupo no qual está inserido, permitindo visualizar a história e os caminhos já percorridos por ele.

O *objetivo geral* traça o horizonte pretendido, apenas visualizado em seu nome. É um esboço ou direção do caminho que o educador pretende trilhar com as crianças, na aventura do conhecimento. Importante dizer que esses objetivos não são aqueles conhecidos objetivos instrucionais, comportamentais, tão ao gosto dos tecnicistas. Refere-se ao "para que" do trabalho que está sendo proposto e, portanto, os objetivos também podem contemplar perguntas, questionamentos, hipóteses do educador.

O item *assuntos-atividades-situações* significativas refere-se ao "o que" fazer e trabalhar relacionado a objetivos e justificativas. Aqui o educador delineia, a partir de uma séria e intensa pesquisa, as possibilidades de trabalho, os assuntos a serem estudados, as situações a serem propostas, as atividades a serem realizadas. Note-se que falamos de assuntos-atividades-situações significativas de modo conjunto, sem hierarquizar, sem isolar umas e outras. Falamos assim no sentido de desmistificar o planejamento como o assunto, o tema, o conteúdo exclusivamente a ser trabalhado. Ou seja, ao tratarmos dos bebês não poderemos falar de "assunto" a ser estudado, a menos que falemos de uma caricatura de assunto, muito embora em diferentes situações e atividades previstas os bebês estarão construindo conhecimento de si e do mundo. Não aquele conhecimento identificado como conteúdo, como assunto, como tema, aspectos comumente circunscritos às áreas de conhecimento classificadas como pertencentes ao âmbito escolar.

Elaborar um projeto pressupõe pesquisa, como já ressaltamos. É importante que o educador indique as *fontes de consultas* das quais se utiliza para construir e desenvolver o projeto.

Da mesma forma, é preciso prever os *recursos* de que vai necessitar para viabilizar a realização do projeto. De que adianta prever um passeio se não há possibilidade de realizá-lo? Ou, de que vale sugerir que se leia um determinado livro ou que se assista a uma certa fita de vídeo se um ou outro não existem na instituição ou estão longe de ser viáveis? Não adianta, por exemplo, listar uma atividade de pintura com guache, se naquele momento a instituição não dispõe do material. Planejar sim, mas contando com a real potência de sua realização. Por isso, mais uma vez, a pesquisa é fundamental. Não posso deixar para o dia tal a averiguação da possibilidade ou existência desse ou daquele material de que vou necessitar para encaminhar meu planejamento. Dessa forma o educador cuida para não cair na improvisação e sim para guardar coerência entre o proposto e o viável.

Por último o educador, analisando os objetivos e os procedimentos, deve estabelecer um tempo para o desenvolvimento do projeto. É importante assinalar: o *tempo previsto* não necessariamente será o tempo real, pois aqui entra a flexibilidade do planejamento, na dinâmica do dia a dia, com a avaliação constante do processo.

Desse projeto, portanto, o educador vai retirando os elementos e as questões para o planejamento semanal e diário. Tendo alicerçado seu trabalho num projeto claro, documentado, com objetivos explícitos, com pesquisa realizada, avaliação de viabilidade, em termos de plano para o dia a dia, o educador poderá formular como quiser, como melhor lhe servir. Como fiz notar anteriormente, creio que a forma de colocar os itens no dia a dia, se decorrente de um projeto articulado, geral, pode receber a feição particular de cada educador. Apenas tem que ser funcional, tem que ajudá-lo, efetivamente, na orientação do seu fazer pedagógico cotidiano.

No caso de nossa experiência, na orientação de estágio, propúnhamos uma organização que previa os seguintes itens: situações significativas, organização do espaço, recursos, registro, avaliação. O planejamento compreendido na ação: prever, fazer, registrar e avaliar, para então seguir planejando-replanejando de acordo com o movimento, os desejos e as necessidades do grupo. O planejamento compreendendo a atitude crítica de cada educador diante de sua prática. O planejamento como proposta que contém uma aposta, um roteiro de viagem em que, a cada porto, incorporam-se novas perspectivas, novos roteiros, rumo a novas aventuras. O importante é exercitar o olhar atento, o escutar comprometido dos desejos e necessidades do grupo revelados em seus gestos, falas, expressões, em suas linguagens, enfim. O planejamento não é ponto de chegada, mas porto de partida ou "portos de passagens", permitindo ir mais e mais além, no ritmo da relação que se construir com o grupo de crianças.

Bibliografia

CAVALCANTE, Zélia (coord.). *A história de uma classe*. Porto Alegre: Artes Médicas, 1995.

FUSARI, José Cerchi. "O planejamento do trabalho pedagógico: Algumas indagações e tentativas de respostas". *Caderno Idéias* nº 8. São Paulo: FDE, s./d., pp. 44-53.

KHULMANN JR., Moysés. "Instituições pré-escolares assistencialistas no Brasil (1899-1922)". *Cadernos de Pesquisa* nº 78. São Paulo, agosto 1991, pp. 17-26.

KRAMER, Sonia (org.). *Com a pré-escola nas mãos*. São Paulo: Ática, 1989.

KRAMER, Sonia e ABRAMOVAY, Miriam. "'O rei está nu': Um debate sobre as funções da pré-escola". *Cadernos CEDES* nº 9. São Paulo: Cortez, 1984, pp. 27-38.

MACHADO, Maria Lúcia de A. "Educação infantil e currículo: A especificidade do projeto educacional e pedagógico para creches e pré-escolas". Trabalho apresentado na XIX Reunião Anual da Anped. Caxambu, setembro 1996 (mimeo.).

OLIVEIRA, Zilma de Moraes Ramos de *et alii*. *Creches: Crianças, faz-de-conta & cia*. Petrópolis: Vozes, 1992.

OSTETTO, Luciana E. "Educar e cuidar: Questões atuais sobre educação infantil no Brasil". Conferência proferida no Encontro dos Profissionais de Educação Infantil da Rede Pública Municipal de Chapecó. Chapecó, 21 de julho de 1997 (mimeo.).

RINALDI, Carla. Entrevista. *In: I Cento Linguaggi dei Bambini*. Bergamo: Edizioni Junior, 1995 (Tradução da entrevista, para uso didático, feita pela professora Luciana Esmeralda Ostetto).

SCHIEFLER, Ângela R.K. e SILVA, Samantha F. da. "Dos 'power ranger' aos seres encantados: Um passeio pelo mundo do faz-de-conta com crianças de 2 anos e meio a 3 anos e meio". Florianópolis, UFSC-CED-Curso de Pedagogia, 1997 (Relatório de estágio).

SOUTO-MAIOR, Sara Duarte. "Relato de uma aventura: Mapas, diário de bordo e tesouros organizando e transformando o trabalho do educador infantil". Florianópolis: UFSC, 1997 (Relatório de estágio. Curso de Pedagogia).

______ *et alii*. "Três cabeças que não se entendem passam fome de tanto pensar...: Reflexões sobre planejamento, registro e avaliação". Florianópolis: UFSC, 1997 (Projeto de estágio. Curso de Pedagogia).

THOMAS, Mônica Diniz *et alii*. "Projeto de trabalho definindo a intencionalidade do professor". Comunicação apresentada no II Simpósio Nacional de Educação Infantil. Brasília, novembro de 1996, 2 p. (mimeo.).

WEFFORT, Madalena Freire. *Observação, registro, reflexão: Instrumentos Metodológicos I*. São Paulo: Espaço Pedagógico, 1995.